中国学者谈新常态下经济增长

ZHONGGUO XUEZHE TAN XINCHANGTAIXIA JINGJIZENGZHANG

刘伟 等 著

中国人民大学出版社

·北京·

目 录

一 新时期以来中国的经济总量及国际地位的变化

改革开放以来，中国经济增长取得了巨大的成就，1978—2014 年的年均经济增长率达到了 9.70%。在进入 21 世纪后的前 10 年，随着工业化和城市化进程的推进，经济增长进一步加速，2000—2010 年，年均经济增长率达到了 10.48%。而且随着我国市场化程度和宏观调控水平的提高，中国经济在保持高增长的前提下，稳定性也大大增强了。持续快速的经济增长增强了中国的综合国力，改善了中国人民的生活，也为我们进行大规模的经济建设（如基础设施建设、城市建设等）、应对突发事件和解决各种发展中的矛盾提供了强大的物质基础。从现在的情况看，虽然经过改革开放以来三十多年的高速经济增长，中国已经进入了上中等收入国家的行列，但是经济发展水平与发达国家相比仍然有很大差距。而从国内改善人民生活、增强综合国力的要求看，中国也仍然需要经历一个比

较长的高速或中高速增长阶段。因此，经济增长仍然是我国现阶段最重要的经济发展目标之一。党的十六大提出了21世纪的前20年GDP翻两番的目标，十七大则把这一目标调整为人均GDP翻两番，而从实际进展上看，2011年的GDP总量已经达到了2000年的2.95倍，这一期间的年均经济增长率达到10.36%，也就是说，由于在前一阶段中国取得了更高的经济增长率，所以无论是党的十六大还是党的十七大提出的增长目标，我们都能够超额完成。如果十六大的经济增长目标保持不变，那么2011—2020年中国只要实现3.4%的年均GDP增长率就能完成在21世纪前20年GDP翻两番的目标。在新的起点上，党的十八大又提出，从2010年到2020年，我国要实现GDP和居民收入再翻一番，全面建成小康社会。也就是说，这一期间的GDP和居民收入的年均增长率要达到7.2%，这实际上又为我国提出了新的增长目标（居民收入的增长事实上也必须建立在GDP的增长的基础上，但必须对原有的宏观收入分配结构进行一定的调整）。在2011年、2012年、2013年和2014年，我国的经济增长率分别为9.3%、7.7%、7.7%和7.4%，均高于预期的年均经济增长率7.2%，因此，在之后的6年里，如果要实现10年再翻一番的目标，GDP年均增长率达到6.5%就已经足够。随着经济增长基数的扩大和经济结构的变化，我国目前的经济增长率虽然较改革开放以来三十多年的长期增长率有所回落，但与世界各国相比，仍然较高，而且也能够支持我们实现2020年的经济增长目标。如果没有特殊的情况，那么通过深化经济改革和合理适度的宏观调控，按照现在的发展趋势，实现十八大的增长目标也是有把握的。无论从中国经济增长动力来看，还是从长期趋势来看，中国经济增长都仍然可能保持一个相对快的速度。表1—1列出了1979—2014年中国的GDP指数。[①]

① 参见刘伟：《转变发展方式的根本在于创新》，载《北京大学学报（哲学社会科学版）》，2014（1）。

表 1—1　　1979—2014 年中国 GDP 指数

年份	GDP 指数（上年＝100）	年份	GDP 指数（上年＝100）	年份	GDP 指数（上年＝100）
1979	107.6	1991	109.2	2003	110.0
1980	107.8	1992	114.2	2004	110.1
1981	105.2	1993	114	2005	111.3
1982	109.1	1994	113.1	2006	112.7
1983	110.9	1995	110.9	2007	114.2
1984	115.2	1996	110	2008	109.6
1985	113.5	1997	109.3	2009	109.2
1986	108.8	1998	107.8	2010	110.4
1987	111.6	1999	107.6	2011	109.3
1988	111.3	2000	108.4	2012	107.7
1989	104.1	2001	108.3	2013	107.7
1990	103.8	2002	109.1	2014	107.4

资料来源：根据《中国统计年鉴》历年数据整理而成。

由于长期的高速经济增长，中国在世界经济总量中所占的份额在迅速提高，进入 21 世纪后，这一点表现得更为突出。从表 1—2 中可以看到，在改革开放初期的 1978 年，中国的 GDP 总量仅为 1 500 亿美元，占世界 GDP 的份额仅为 1.8%，排名第 10 位，和一个世界上人口最多的大国的地位极不相称。加之中国人口众多，人均水平就更低，属于低收入贫穷国家。在此之后的二十余年，中国经济虽然取得并保持了高速增长，但是 2000 年中国的 GDP 占世界 GDP 的份额仍然只有 3.7%，落后于传统的发达国家如日本、德国、英国、法国等，排名为第 6 位，相比 1978 年上升了 4 位，但国际影响力仍然是有限的。进入 21 世纪后，这种情况发生了明显的改变，由于发展基数已经大为提高，再加上强劲的经济增长，中国的经济总量先后超过法国、英国、德国、日本，成为仅次于美国的世界第二大经济体。2010 年中国的 GDP 总额达到了 5.93 万亿美元，占世界 GDP 的比重为 9.4%，成为对世界具有重大影响

的经济大国。而到了2013年，这一比重又继续提高到12.2%。在对外贸易发展方面，改革开放初期中国的出口在全球贸易中所占的比重几乎可以忽略不计；到了2000年，中国的出口占全球的份额已经提高到3.9%，在全球排名第7位；而到了2010年，中国出口在全球所占的份额已经提高到10.4%，成为全球最大的商品出口国。[①] 可以说，进入21世纪后的10年，是历史上中国国际经济地位改善最为显著的10年，中国在其他方面的地位也由此提升了。而现在，中国已经成为世界上商品贸易总额最大的国家。

表1—2　　世界20个主要国家1978年、2000年、2010年的GDP及占世界GDP的份额

	2010			2000			1978		
	排名	GDP（万亿美元）	份额（%）	排名	GDP（万亿美元）	份额（%）	排名	GDP（万亿美元）	份额（%）
美国	1	14.59	23.1	1	9.90	30.7	1	2.28	27.1
中国	2	5.93	9.4	6	1.20	3.7	10	0.15	1.8
日本	3	5.46	8.6	2	4.67	14.5	2	0.98	11.7
德国	4	3.28	5.2	3	1.89	5.9	3	0.72	8.5
法国	5	2.56	4.1	5	1.33	4.1	4	0.50	5.9
英国	6	2.25	3.6	4	1.48	4.6	5	0.33	3.9
巴西	7	2.09	3.3	9	0.64	2.0	8	0.20	2.4
意大利	8	2.05	3.2	7	1.10	3.4	6	0.30	3.6
印度	9	1.73	2.7	13	0.46	1.4	13	0.14	1.6
加拿大	10	1.58	2.5	8	0.72	2.2	7	0.21	2.6

① 根据世界贸易组织的统计资料分析计算所得。

续前表

	2010			2000			1978		
	排名	GDP（万亿美元）	份额（%）	排名	GDP（万亿美元）	份额（%）	排名	GDP（万亿美元）	份额（%）
俄罗斯联邦	11	1.48	2.3	19	0.26	0.8		—	—
西班牙	12	1.41	2.2	11	0.58	1.8	9	0.16	1.9
墨西哥	13	1.03	1.6	10	0.58	1.8	15	0.10	1.2
韩国	14	1.01	1.6	12	0.53	1.7	27	0.05	0.6
荷兰	15	0.78	1.2	16	0.39	1.2	11	0.15	1.7
土耳其	16	0.73	1.2	18	0.27	0.8	22	0.07	0.8
印度尼西亚	17	0.71	1.1	28	0.17	0.5	26	0.05	0.6
瑞士	18	0.53	0.8	20	0.25	0.8		0.00	—
波兰	19	0.47	0.7	25	0.17	0.5		0.00	—
比利时	20	0.47	0.7	22	0.23	0.7	16	0.10	1.2
以上合计		50.13	79.4		26.81	83.2		6.48	77.0
世界		63.12	100		32.24	100		8.42	100

资料来源：世界银行数据库（GDP（current US$））。

通过对2010年世界上经济总量最大的20个国家过去三十多年来按汇率法计算的GDP总量、份额和排序的比较可知，造成相互关系变化的直接影响因素有三个，即实际经济增长率、通货膨胀水平和汇率，而实际经济增长率则是最重要的影响因素。从世界长期发展的观点看，在开放经济的条件下，一个国家的通货膨胀水平和汇率之间通常存在反向变动的关系，通货膨胀水平越高，本币的贬值幅度往往也越大，反之本币的贬值幅度则越小。因此，按汇率法对开放大国的GDP的长期变化进行横向比较，是能够说明各国的世界经济地位的变化的。

从表1—2中我们可以看到在过去的三十多年中世界其他主要国家的GDP总量和份额的变化情况。先看以七国集团为代表的西方发达国家份额的变化。在发达国家中，美国、日本和英国属于前二十余年所占份额提升，近十余年份额下降的国家；加拿大属于前二十余年份额下降，最近十余年份额略有提升（由2.2%上升到2.5%）的国家；而德国、法国、意大利属于份额几乎持续下降的国家。

美国和日本是两个经济总量最大的发达国家，但二者的情况有所不同。1978—2000年，美国所占的份额在已经达到27.1%的情况下，进一步提高到30.7%。新技术革命、金融和文化产业的创新以及房地产的发展，对这一时期美国和世界的经济增长作出了贡献。但2000—2010年，美国经济虽然还在增长，但所占的份额下降到了23.1%，下降了7.6个百分点。日本的GDP在世界经济总量中所占的份额，1978年为11.7%，2000年则提高到14.5%。但事实上，1973年石油危机以后，日本经济增长就已经明显放缓，所占份额的提高主要是1985年《广场协议》签订后日元大幅升值的结果。日本为这一升值付出了巨大的代价，已经放缓的经济增长进一步陷入困境。最近10年其所占的份额又从14.5%下降到8.6%，下降了5.9个百分点。

从三十多年的份额变化看，七国集团中所有国家在世界经济中所占的份额都是下降的，其中美国下降了4个百分点，日本下降了3.1个百分点，德国下降了3.3个百分点。而中国在这一期间所占的份额提高了7.6个百分点，超过了和中国经贸关系最为密切的美国、日本的份额变化之和，而这种变化主要是在最近10年发生的，这也在一定程度上说明了为什么中国现在受到美国及西方各国这么大的关注。

再看新兴国家份额的变化。发达国家所占份额的减少，是和新兴国家所占份额的提升相对应的。虽然除了中国之外，其他国家的份额提高的幅度都不算大，如新兴国家中份额提高幅度位居第二名

的印度，其份额在过去三十多年中仅提升了1.1个百分点，但这些国家人口众多、资源丰富、经济增长的比较优势明显，近年来纷纷走上了经济增长的快车道，这就导致了最近十多年世界经济格局的迅速变化。而在这种经济格局的变化中，中国无疑占据着重要地位。从发展上看，新兴国家的发展是有利于中国经济增长的。如果说中国在经济起飞的初期更多地依赖了相对于发达国家的后发优势的话，那么到了现在，利用相对于新兴国家尤其是新兴发展中国家的领先优势推进我国的全球化战略，将是我国实现持续发展的重要途径。

二

新常态下中国经济发生的新变化：新起点、新机遇、新约束、新挑战

进入新常态的中国经济发生了深刻的变化，具有一系列新的特点，突出表现在以下几个方面。

1. 新起点

经过改革开放37年来的持续高速增长，中国的经济发展步入了一个新的阶段。从经济规模上看，截至2014年年底，GDP总量超过63万亿元人民币，按不变价格计算为改革开放初期的28倍左右，年均增长率高达9.5%以上，在20世纪90年代和21世纪前10年年均增速达到10%以上，创造了当代世界经济持续高速增长的历史新纪录。根据世界银行的数据，按汇率法折算为美元计量，中国的GDP总量达到9.24万亿美元，占全球

GDP 的比重从改革开放初期的 1.8%上升至 12.2%，由世界第十位上升至世界第二位（2010 年起超过日本跻身世界前两名，相当于美国 GDP 总量[①]的 55%左右）。人均 GDP 到 2014 年年底已达到近 5 万元人民币，按不变价格计算，比改革开放初期提升了 19 倍左右，年均增长率达到 8%以上，同样创造了当代经济发展的新纪录。按汇率法折算为美元计算，人均 GDP 超过了 7 000 美元，达到了当代世界的中等收入水平。中国在改革开放初期属于典型的低收入穷国，尚未解决温饱问题。按世界银行的划分标准，中国人均国民收入在 1998 年首次达到下中等收入水平，2010 年首次达到上中等收入水平，经过改革开放三十多年的发展，我国经济进入当代上中等收入阶段。从经济结构上看，改革开放初期我国三次产业所占比重分别为 28.2%、47.9%、23.9%，不仅落后的农业经济比重过高（第一产业就业比重更是达到 70%以上），而且产业结构严重扭曲，工业化进程与农业和服务业发展严重脱节，加之以牺牲其他产业的发展来换取工业的发展，致使产业结构存在明显的“虚高度”，到了 2014 年，农业产值比重已降至 10%以下，第三产业比重达到 48.2%[②]，净上升 24.3 个百分点，并且自 2013 年起第三产业比重超过第二产业。进入 21 世纪以来的前 10 年里，第三产业与第二产业的年均增长率已十分接近，但第三产业产值在 GDP（以价格水平表现的产值）中所占的比重上升了 4.2 个百分点，而第二产业仅上升了 0.8 个百分点（2008 年为应对金融危机冲击，中国对经济进行强力刺激，重要的便是增大投资，而投资首要的是刺激第二产业，导致第二产业增速重新提升并超过第三产业，从 2012 年到 2014 年，伴随“择机退出”，第三产业增速又重新超过第二产

---

① 16.77 万亿美元。

② 考虑到统计上的偏差（在我国，第三产业产值往往被低估，从 2004 年、2008 年、2013 年三次经济普查的数据修正上看，调整后的 GDP 数量的增量当中，第三产业占比最高，分别达到 93%、81%、71%以上，表明在历年统计中第三产业产值被漏算得最多），第三产业的实际比重比统计反映的水平更高。

业），这种产业结构变化表明我国经济已进入工业化后期并已开始形成某些“后工业化”时代的特征。相应地，我国城镇化进入加速期，城镇化率从改革开放初期的20%以下上升至目前的55%左右，超过了当代世界平均水平（52%）。上述GDP总量、人均GDP、经济结构的变化表明我国无论是在经济数量水平上，还是在经济质态结构上，都已进入上中等收入阶段和工业化后期加速完成阶段。

2. 新机遇

所谓新起点上的新机遇指的是中国经济社会发展进入现阶段，正如习近平主席所指出的，现代化的目标距离我们从来没有像今天这样近过。过去我们讲中国实现现代化需要多少代人的努力，近代史上也有诸多先贤探讨过将传统中国文明发展至现代世界文明先进水平的道路，包括实业救国、科学救国、教育救国等方略。后来孙中山先生领导的辛亥革命，再到共产党领导的新民主主义革命和社会主义建设，特别是改革开放以来的中国特色社会主义道路的开拓，终于使我国踏上了现代化的征程。按照“两个百年”目标，中国要在2020年，即共产党建党100周年前后全面建成小康社会。其经济含义主要体现在：经济总量按不变价格比2010年翻一番，达到百万亿元人民币水平，按2010年的汇率折算成美元，大体相当于美国现在的GDP规模①；人均GDP水平按不变价格比2010

① 国际货币基金组织等机构按货币购买力平价法折算，中国GDP总量在2014年已超过美国成为所谓世界第一大经济体，但由于所选取的商品、服务的结构不同，同样数量的商品在各国不同市场上的货币购买力相差甚远，一般来说，由于落后国家总体收入水平低，其物价绝对水平相应也低，因而，运用货币购买力平价法时可能高估其购买力水平，从经济史的比较看，通常会将其发展水平高估10年左右。

年翻一番，接近7万元人民币，按2010年汇率折算成美元，达到12 500多美元，超越世界银行划定的当代高收入国家的最低人均GDP标准。从已进入高收入阶段的70个国家的历史来看，从进入上中等收入阶段到进入高收入阶段，平均用了12年以上的时间，其中20个人口大国，平均用了11年以上的时间。如果到2020年我国实现全面建成小康社会的目标时，人均GDP比2010年（按不变价格）翻一番，那就意味着我们用10年左右的时间实现了由上中等收入阶段向高收入阶段的跨越。同时，在经济结构演进方面，实现新型工业化目标。另一个百年目标，是在中华人民共和国成立100周年前后，即2050年前后，实现中国特色社会主义现代化。中国特色社会主义现代化的内涵极为丰富，就经济总量而言，按趋势演进中国会超过美国成为世界第一大经济体（即使按汇率法折算，在2030年前后我国经济总量也极有可能超越美国），尽管经济规模的大小能够说明的问题有限（一国经济发展的现代化水平和质量，重要的不在于规模扩张，而在于结构升级），但规模毕竟是基础。从我国发展的历史进程看，19世纪初我国GDP总量在比重上是占据世界首位的，达到36%以上，比美国在当代占比最高的年份的占比还要高（美国2001年GDP占比最高，达到32%以上），但质量落后，在结构上是传统农业，在组织上是封建小农经济，与西方工业文明及资本主义经济相比，根本不具竞争力，迅速沦落。以1840年第一次鸦片战争爆发为标志，中国进入积贫积弱的半殖民地半封建社会，英国成为世界第一大经济体；19世纪末，伴随“英国病”[①] 的发生，德国超越英国成为世界第一大经济体；进入20世纪，第一次世界大战前美国超越德国成为第一大经济体，且一直维持至今。我国若能在21世纪30年代之前重回世界第一大经

① “英国病”即指英国在发展过程中因动力不足、竞争力不够而出现的长期衰落，这种衰落趋势在进入20世纪后逐渐显现出来，因此又被称为“20世纪英国病”，但其病因在19世纪就开始形成，在19世纪后期已开始有所体现。参见罗志如、厉以宁：《20世纪的英国经济：英国病研究》，北京，北京大学出版社，1981。

济体的位置，那么从我国自身成长来说，还是具有重要意义的。从人均 GDP 水平看，实现这一目标要求中国到 21 世纪中叶赶上发达国家的平均水平，即达到中等发达国家的水平。这也就是实现邓小平所说的“三步走”的发展战略：第一步，从改革开放初期的 20 世纪 70 年代末起到 80 年代末 90 年代初，解决温饱（我国在 20 世纪 90 年代初取消粮票制度表明我国基本解决了温饱问题，1998 年按世界银行规定的人均 GDP 标准，我国真正进入温饱阶段）；第二步，到 20 世纪末，实现初步小康（人均工农业生产总值达到 1 000 美元，后因国民经济核算体系从计划经济的传统物质资料生产核算体系转变为包含三次产业在内的以 GDP 为核心的核算体系 SNA，调整为人均 GDP 达到或接近 1 000 美元）；第三步，到 21 世纪中叶，赶上中等发达国家，其中的基础性经济指标即人均 GDP。[①] 换句话说，若我国到 21 世纪中叶实现现代化目标，那么就人均 GDP 水平而言我国将达到发达国家的平均水平（统计上中位数与平均数大体是一致的）。从经济结构看，到 21 世纪中叶，无论是产业结构，还是城乡结构、就业结构、区域结构，均应达到发达国家的平均高度和均衡状态，只有规模和人均水平的数量增长，而无经济结构高度的实质性提升，不是真正成长意义上的现代化，甚至可以说只有经济增长而并无经济发展，当然，结构高度的提升在构成经济发展的实质的同时，也构成了经济发展的真正困难。总之，在新起点上，中国经济发展面临的新机遇有：再有 5～6 年时间即到 2020 年可能实现全面小康，实现从上中等收入阶段向高收入阶段的跨越；再有十几年时间即到 2030 年前后可能在总量上实现赶超重回世界第一；再有三十多年的时间即到 2050 年前后可能实现现代化，跻身发达国家行列。我们的确比历史上任何时期都更接近中华民族伟大复兴的宏伟目标。[②]

---

① 参见《邓小平文选》，第 3 卷，北京，人民出版社，1993。

② 参见习近平：《习近平谈治国理政》，北京，外文出版社，2014。

3. 新约束

进入上中等收入阶段后，约束社会经济发展的一系列经济条件均发生了深刻的变化，从而使这一新阶段上的经济成长具有一系列新特征，对经济发展方式、经济发展战略、经济发展路径等均提出了根本性的变革要求。这种经济约束条件的变化概括起来表现在两方面：一方面是供给侧的变化，即国民经济生产方面的变化，突出表现在，相对于低收入阶段和下中等收入阶段，进入上中等收入阶段后国民经济的生产总成本进入加速提升期。其一，伴随工资和社会保障水平的不断上升，劳动力成本不断提高；伴随二元经济下农村剩余劳动力转移进程的推进，劳动力成本逐渐趋近均衡（达到刘易斯拐点）；伴随劳动力总量扩张速度的逐渐放缓及人口红利的逐渐消失，劳动力成本上升的压力日趋加大。其二，土地、淡水、能源、原材料等自然资源价格上升趋势明显，经济规模扩张形成的巨大需求和自然资源本身的有限性及稀缺性，会推动其价格上升，从而形成对整个国民经济总成本的推动力。其三，环境资源价格上升，环境保护标准和要求不断提高，经济与环境间的冲突越来越成为必须努力缓解的矛盾，环境对经济的承载能力面临极大的挑战，使用环境资源必须支付更高的成本，破坏环境必须付出更大的代价。其四，技术进步的成本上升，在低收入阶段甚至下中等收入阶段，由于技术总体上与发达国家差距大，学习和获得技术进步的主要方式可以是简单模仿，并且模仿学习的“空间”广阔，而模仿学习是各种技术进步方式中投入最少、成本最低、风险最小的方式，如果知识产权保护不力，则这种模仿方式更是低成本的，但进入上中等收入阶段后，我国的总体技术水平与先进水平的差距有所缩小，一般可再模仿的“空间”变得越来越狭窄，技术进步越来越依

赖自主创新和自主研发，而这种自主创新和自主研发在各类技术进步方式中最具根本性，但也是投入最多、成本最高、风险最大、周期最长的。总之，在这一阶段各种要素成本显著上升，从而在短期里形成不断增大的成本推动的通货膨胀压力，使经济增长严重失衡，长期里使经济的核心竞争力减弱。依靠要素成本低作为核心竞争力的时代已经过去，这就要求改变发展方式，从主要依靠要素投入量的扩大拉动经济增长，转变为主要依靠效率的提高拉动经济增长，否则，经济增长难以均衡，经济发展难以持续。另一方面，需求侧发生了变化。进入上中等收入阶段后，总需求存在疲软的可能，在低收入和下中等收入阶段，需求增长总体上是强劲的，包括投资需求和消费需求，由于供给的绝对或相对不足，国民经济总量失衡的突出特征表现为短缺，因此企业家更加关注的是如何获得更多的投入以扩大生产，而不是如何销售，政府宏观调控关注的是如何抑制需求以防止严重的通胀，而不是产能过剩。进入上中等收入阶段后，这种失衡状况有可能发生方向性的逆转。就投资需求而言，尽管国民收入水平提高，居民存款增加，银行储蓄规模扩大，但这些未必能够转化成有效的投资，形成市场投资需求，其关键在于国民经济发展过程中自主研发和创新的能力是否得到了有效提升。由于进入上中等收入阶段后，我国的要素成本上升，相对成本优势减弱，如果发达国家停止或放缓新项目、新产品、新技术的再投入，而我国自身自主研发和创新的能力又不足，那么我国就难以创造出新的、有效的投资机会。银行系统尽管有大量储蓄，但在市场上按照效率准则，找不到有效的机会，如果在原有的基础上强行扩大投资，那么结果只能是低技术状态、低竞争力水平下的重复投资，形成严重的产能过剩，遇到市场经济周期性波动，便会成为经济泡沫而被淘汰，因而导致投资需求疲软，有钱投不出去。自主研发和创新能力的提升，其基础在于人力资本的投入和积累，包括教育和健康方面的人力资本投入，若这种投入长期滞后于经济增长，那么当物质资本积累到一定水平之后，便会遇到人力资本积累不足

的短板限制，使经济发展受阻。就消费需求而言，尽管居民可支配收入水平伴随国民经济的发展总体在上升，但消费需求增长与国民经济发展的要求能否相互适应，关键在于国民收入分配是否合理。如果国民收入分配差距严重扩大，甚至两极分化，那么就会出现以下情形：收入越高者其消费占收入的比重越低，尽管其绝对量较其他人更大，而同时其他社会成员收入低，甚至绝对或相对地积累着贫困，即使需要增加消费也没有能力，越没有能力，对未来则越缺少信心，进而不得不通过减少和放弃现期必要的消费来增加储蓄（未来的消费）。整个社会形成所谓的富人不花钱，穷人没有钱、更不敢花钱的局面，社会消费倾向严重降低，尽管国民收入高速增长，但消费需求增长相对滞后。投资和消费需求增速同时放缓，共同抑制经济增长速度，使经济增长乏力，市场萧条，失业率上升。在上中等收入阶段经济增长速度明显较此前下滑，由高速转向中高速甚至更低的速度，是新常态下经济增长的客观规律。

4. 新挑战

能否适应新阶段的新变化便构成了极富挑战性的命题，如果不能适应新阶段的新挑战，那么经济发展就难以持续，甚至会陷入“中等收入陷阱”。所谓“中等收入陷阱”是世界银行在2006年一份研究报告中提出的概念，指的是第二次世界大战后一些发展中国家摆脱了贫困，跨越了温饱，进入了上中等收入阶段后，却由于不适应新阶段上的新变化，经济社会发展长期陷于停滞，危机不断加深等。典型的例子有20世纪六七十年代的一些拉美国家，其经济发展进入了上中等收入阶段，把当时的非洲和亚洲等地的发展中国家甩在了后边，但由于不适应新阶段的新变化，长期跨越不过去，直到现在仍未进入高收入阶段（被称为“拉美漩涡”），算下来已

有半个世纪之久了。再如 20 世纪八九十年代东亚的马来西亚、菲律宾、印度尼西亚、泰国等，其经济发展当时也进入了上中等收入阶段，但由于应对不了新变化，在 1997 年亚洲金融危机的冲击下，这些国家的经济遭遇严重挫折，低水平的规模扩张形成的经济增长，在金融危机的冲击下成为缺乏竞争力的过剩产能被淘汰掉，直到现在也未实现向高收入阶段的跨越（被称为“东亚泡沫”），算下来也有三十年左右了。又如当前西亚、北非地区陷入动荡的国家，包括埃及、突尼斯、也门、利比亚、叙利亚、约旦等，在 20 世纪 90 年代至 21 世纪初也达到了上中等收入阶段，同样因为不适应新阶段的新变化，在 2008 年全球金融危机的冲击下，陷入了经济、政治、社会、文化、军事等危机，算下来也有近二十年了。我国社会经济的发展进入上中等收入阶段后，在面临巨大机遇的同时，也面临深刻的挑战。构成“中等收入陷阱”的主要因素在我国社会都存在，如何跨越“中等收入陷阱”，是我们面临的重要问题。

三 新常态下中国经济增长的新失衡、新动因

进入新常态，中国经济增长进入新阶段，宏观经济失衡呈现出新特征，主要表现在以下几方面。

1. 新失衡

改革开放以来，我国宏观经济失衡大体上经历了三个阶段。第一个阶段自 1978 年至 1998 年上半年，这一阶段除个别年份外，宏观经济失衡的主要特征是需求膨胀、供给不足，整个经济处于短缺状态，突出的矛盾是通货膨胀压力巨大。改革开放以来发生的三次大的抢购风潮，都是在 1998 年之前，尽管每次抢购风潮发生的具体原因各有不同，但根本原因都在于宏观经济失衡的总体特征是需求严重大于供给。第一次较大的抢购风潮发生在 1984 年

年底至 1985 年，直接诱因是 1984 年秋中共召开十二届三中全会，做出关于全面开展经济体制改革的决定，城市居民担心这会引发物价上涨，用手持现金与政府拼商业库存，结果 1985 年 CPI 增长率达到 9%以上。第二次发生在 1988 年夏秋之际，直接诱因是中央北戴河工作会议做出价格改革（价格闯关）的决定，人们担心物价上涨，遂开始抢购，结果 1988 年 CPI 增长率高达 18%以上。第三次发生在 1994 年，直接诱因是在十四大召开等一系列利好消息的刺激下，国内形成巨大的投资需求，在 1993 年后对物价产生冲击，使 CPI 增长率高达 24%以上。因而，与这一阶段的失衡特点相吻合，宏观经济政策长期紧缩，从“六五”计划到“九五”计划期间，无论财政政策还是货币政策均长期从紧，目的就是管住需求增长，遏制通货膨胀。第二阶段是 1998 年下半年至 2010 年 10 月，这一阶段除个别年份外，失衡主要表现为需求疲软，特别是内需不足，加之先后受到亚洲金融危机的冲击（1998 年后）和世界金融危机的冲击（2008 年后），我国经济增长的动力不足，增速下滑，经济下行矛盾突出。1998 年下半年后亚洲金融危机的影响开始显现，在内需不足、工业消费品生产产能过剩这一矛盾日益突出的情况下，我国政府为稳定世界经济秩序，在其他陷入金融危机的国家，如韩国、新加坡、印度尼西亚甚至日本纷纷大幅贬值本币的情况下，做出人民币不贬值的承诺，导致我国出口受到很大影响。因而 1999—2001 年连续三年，我国出现了通缩现象，CPI 增长率为负值，相应地大量乡镇企业倒闭，大量国有企业职工下岗，大批进城民工提前返乡，我国政府不得不自 1998 年下半年起放弃持续了近二十年的紧缩政策，采取以扩大内需为主的刺激政策，首次提出“积极的财政政策，稳健的货币政策”的政策导向，以区别于此前长期奉行的紧缩政策。2008 年年初基于 2007 年 14%以上超高速增长的过热状况，我国采取了“双防”（一防经济过热，二防通货膨胀）的紧缩政策，中国经济也随之出现了自 2008 年第一季度开始直至 2009 年第一季度连续 5 个季度经济增长速度的持续下降。但

从2008年年末起为应对金融危机，我国采取了更加积极的财政政策、适度宽松的货币政策，以财政和货币双扩张的“组合拳”方式全面刺激经济，直到2010年10月宣布率先退出。第三阶段是自2010年10月我国宣布从全面扩张的政策轨道退出以来，中国经济失衡的特点集中体现为，既面临通货膨胀的潜在压力，又面临经济下行风险。与前两个阶段不同的是，宏观经济失衡的两种典型矛盾，或者因需求大幅超出供给而导致严重的通货膨胀，或供给大幅超过需求造成严重的失业，在以往是分阶段分别出现的，总量失衡的方向是清晰的，因而，宏观经济政策方向的选择也是明确的，或者紧缩，或者扩张，而进入现阶段两种失衡同时发生，并且两种失衡的缓解所要求的宏观政策方向恰又相反，使得宏观政策的方向选择面临困难（类似20世纪60年代西方国家出现的“滞胀”）。[①]

2. 新动因

形成这种新失衡的原因是复杂的。从长期来看，主要在于随着我国经济发展进入新常态，约束经济增长和发展的条件也发生了根本性的变化，发展方式的转变与新常态下客观经济条件的变化之间往往会产生矛盾和种种不适应，从而导致宏观经济失衡形成新特征。就短期而言，我国经济在金融危机冲击后，正面临所谓“三期叠加”的复杂格局，即进入经济增长从高速到中高速的换挡期、应对金融危机政策形成的成本的消化期、经济结构调整的阵痛期。此外，世界经济的复苏期极其复杂和不确定，也会加重我国宏观经济失衡的复杂性。

---

① 参见刘伟：《我国经济增长及失衡的新变化和新特征》，载《经济学动态》，2014（3）。

具体地说，就通货膨胀的潜在压力看，虽然表现出来的价格水平并不高，近年来，PPI已经呈现负增长，CPI增长率也一直在3%以下，有些时期甚至跌至2%以下，但背后的成因具有新特点。一是空前强烈的需求拉上的滞后性。在应对金融危机冲击的过程中，强力扩张的宏观经济政策使得流通当中的需求受到刺激，M2与GDP的比例远超出正常范围，尽管这种货币存量传导到物价形成现实的通胀会有一定的时滞，并且经济越萧条，复苏越迟缓，这种时滞可能越长，但只要是已进入流通的货币，迟早会冲击CPI，并且经济越是接近复苏，此前为应对危机投放的货币越可能冲击价格。从某种意义上来说，由于2008年年底我们采取了前所未有的强刺激措施，在经济增长上也取得了显著的效果（2008年至2010年，我国GDP增长率分别为9%、8.7%、10.2%，与世界经济低速增长甚至负增长形成了鲜明对照），但由此形成的滞后的通胀压力也是前所未有的，我们现在是在为前期的反危机政策支付代价。二是新常态下国民经济成本全面上升形成巨大的成本推动压力，进入上中等收入阶段后，要素成本显著上升，只要效率提升速度有所放缓，成本推动的通胀压力便会转化为现实的通胀，我国现阶段经济增长的突出问题恰是效率提升相对慢于经济规模扩张，据测算，我国工业化的进程已完成2/3以上（按政策目标要求，2020年将实现工业化），工业化已进入最后几年的冲刺期，但我国农业的劳动生产率水平仅相当于工业化国家的14%左右，工业制造业的劳动生产率水平仅相当于工业化国家的46%左右。[①] 我国目前既面临滞后的需求拉上压力，又面临成本推动的压力，潜在的通胀压力巨大。而就体制而言，我国在治理需求拉上的通胀方面能力较强，可以要求银行系统全面收紧银根，而以国有商业银行为主体的金融市场体系配合政府宏观政策要求的可能性也较大，但对于治理成本推

① 参见刘伟、张辉：《我国经济增长中的产业结构问题》，载《中国高校社会科学》，2013（4）。

动的通货膨胀，我们不具体制优势，治理成本推动的通胀关键在于，企业要创新并提高效率、完善管理，进而降低成本，提高对成本的消化能力，同时政府要完善服务，转变职能，提高效率，减轻企业税收负担，以降低企业的成本，同时还要完善市场，特别是完善金融等要素市场，降低企业的融资成本，而要实现这些，需要全面深化改革，并非一日之功。仅靠紧缩银根来治理通胀，对需求拉上的通胀或许有作用，但对成本推动的通胀不仅没有效果，反而会有负作用，因为收紧银根意味着市场上资金供给减少，利率升高，企业融资所付利息上升，从而导致企业的财务费用增加，推动企业成本上升，加大成本推动的通胀压力。三是国际收支失衡以及再平衡的困难加大通胀压力。我国国际收支失衡的长期特点是收大于支，因此一直存在顺差，伴随我国成为世界第一大贸易国（2013年中国进出口总额超过美国），国际收支失衡形成的顺差的绝对规模巨大，而在我国央行与商业银行结汇的过程中，央行并不是以自身的资产与商业银行结汇，而是以印钞的方式结汇，结汇成为我国央行发行基础货币的重要渠道。在我国目前流通的M2存量中，结汇发出的货币，即所谓“外汇占款”，已成为货币投放量较主要的来源。要控制通货膨胀压力，需要对国际收支的失衡加以治理，努力推动国际收支的再平衡，但这一过程十分艰难。一方面，在全球贸易保护主义又抬头的背景下，在内需疲软的国内市场格局下，我们还必须大力支持出口商；另一方面，在西方国家对中国的高科技封锁（《巴黎协定》并未解除）和限制下，有效并大规模地提高进口也有阻力，特别是在贸易结构上，我们想买的其他国家未必卖，如高新科技产品和能源、原材料等战略性物资，而它们想卖的我们未必需要，特别是一般的工业消费品（2013年我国工业制造业规模已超过美国，成为规模第一的制造业国家）。这就增大了国际收支结构性再平衡的困难，也就增大了降低由此而形成的通胀压力的困难。

就经济“下行”威胁而言，内需疲软的趋势仍未有效扭转，特

别是近年来还有强化的势头。一是投资需求增长乏力。投资是我国经济增长的重要拉动力，改革开放以来我国年均投资需求增长在20%以上（波动性也最强），在应对2008年世界金融危机冲击的过程中，扩大投资是最为重要的举措，但自2013年以来，我国固定资产投资需求增速降至20%以下，并且逐年递减，形成这一趋势的主要原因在于市场主体（企业）投资需求不足。大企业，特别是国有大型和特大型企业的融资渠道是通畅的，无论是直接融资还是间接融资，总体上都是有保障的，问题在于企业的自主研发和创新能力普遍不足，产业结构升级动力不足，空间狭窄，难以寻找到切实有效的投资机会，在产能过剩、去产能压力极大的条件下，在原有产业结构、产品结构、技术结构不变的基础上，扩大投资需求的结果便是低水平的重复，只能形成经济泡沫，不能形成有效增长，在市场硬约束力度不断加大的体制改革进程中，国有企业的投资行为越来越理性，不会长期进行大规模的无效投资。虽然小企业特别是民营企业具有投资冲动，但由于种种原因，包括体制的原因和民营企业自身的资产及管理方面的原因，正规的金融体系并不信任民营企业，因而民营企业难以通过正规金融市场实现投融资，往往不得不依靠非正规的民间借贷，而民间借贷不仅利率高（实际上就是高利贷），而且风险大。这样大企业和小企业均难以形成旺盛的投资需求，要拉动投资增长，在相当大的程度上需要依靠政府，尽管政府在投资上具有较强的能动作用，是我国从体制上应对经济危机的重要优势，但长期里不能主要依靠政府投资拉动增长。一方面，政府拉动增长能否保证市场竞争效率值得怀疑，因而短期拉动的增长可能成为今后长期里要消化的“泡沫”；另一方面，以政府为主拉动投资在长期里难以持续，地方政府虽然可以通过组建各类融资平台从银行贷款形成投资，但融资平台本身多用于投资基础设施建设和地方公共品或准公共品生产，其盈利和还款能力有限，且投入大、周期长、风险大，银行需要地方政府的担保，而地方政府的担保能力主要来自预算外的土地专项收入，一旦土地市场出现风险和

波动，包括市场性和政策性的风险和波动，就会面临风险，虽然目前我国政府，包括中央和地方政府债务总体占GDP的比重仍处在合理范围（40%以下），但对地方政府来说，这种债务风险压力的逐渐加大必定会对其投融资能力产生限制。中央政府虽然可以通过财政赤字及举国债等方式增强投资能力，但财政赤字的规模是受严格限制的，特别是受通货膨胀控制目标的限制，并不能持续扩张。如果政府由于能力有限而不得不率先退出，但市场主体（企业）并未相应跟进，那么在政府退出的同时，投资需求增长会严重乏力，使经济增长速度放缓趋势加剧。我国政府从2010年10月宣布从反危机政策轨道上率先退出之后，自2011年第一季度起直至2012年第三季度，连续7个季度经济增长速度下滑（比2008年金融危机冲击下发生的连续5个季度增速下滑持续时间还长），便是这一问题的反映。目前，政府能力受限、企业动力不足的矛盾依然严重，因而经济下行压力较大。二是消费需求增长乏力。社会消费品零售总额的增速近年来连续下降，主要原因在于国民收入分配结构失衡。一方面，从国民收入的宏观分配格局看，在初次分配领域，国民收入在政府、企业、劳动者三者之间进行分配，分解为税收、资本利润、工资报酬，总体上看，税收增速最快，年均达到18%以上（按现行价格），工资报酬增速相对最慢，居民收入增速长期低于GDP增速（“十二五”规划特别要求两者必须同步），而真正构成直接个人消费的主要是居民收入，这部分的长期增速相对低，其在GDP中所占的比重必然呈下降趋势，导致消费增长对经济增长的贡献相对不足，消费率相对偏低。另一方面，从国民收入分配的微观层次看，社会成员之间收入分配的差距偏大，会降低全社会的消费倾向。据国家统计局公布的测算结果，自2002年以来，我国居民收入的基尼系数始终在通常所说的警戒线水平之上（即20%的高收入者占有40%以上的国民收入），最高的是在2007年，达到49%以上，近几年虽有所下降，但直到2014年仍在46%以上。居民收入差距显著，其原因是多方面的，有体制和政策方面的原

因，也有发展水平方面的原因，其中城乡差距起了重要的作用。城市居民实际可支配收入是农村居民实际可支配收入的三倍多，是构成我国现阶段居民收入差距的最主要的发展性因素，而城乡差距之所以较大，除了是因为在再分配中受体制性和政策性因素的影响外，更重要的是因为在初次分配中农业生产效率低下。我国现阶段第一产业的产值占 GDP 的比重已降到 9%左右，而劳动力就业比重仍在 30%以上，这意味着就初次分配而言，是 30%以上的农业就业者分配 9%左右的附加值，于是从一开始农业与非农产业在分配上就形成了巨大差距。再分配过程事实上又进一步扩大了农业与非农产业间的分配差距，而靠提高农业劳动者报酬来缩小其与非农产业劳动者报酬的差距，潜力已很小，在农业产值中，政府税收已接近零（2006 年起取消了农业税），资本盈余所占比重很低，90%以上的产值已作为劳动者报酬分配给了农民，在农业内部通过改变分配格局实现农民收入水平提升已无空间，只能通过工业化、城市化带动农业劳动力转移，可见，改善国民收入分配结构需要艰苦和长期的努力。三是净出口增速下降。虽然在国际收支领域里长期是收大于支，但出于实现国内经济均衡目标的需要，以及受国际金融危机的冲击和贸易保护主义抬头的影响，国际收支再平衡虽然十分困难，但已开始逐渐转变，相应地净出口的增速已逐渐下降，其对经济增长的贡献也显著减弱。自 2012 年以来，净出口对经济增长的贡献大多为负值，经济增长不仅越来越依靠内需，而且往往还需要以内需的增长抵消净出口增长的负效应，在世界经济复苏疲软且又充满不确定性的条件下，经济形势更不容乐观。

四 新常态下中国经济增长的新要求：新政策、新方式、新制度

由于新常态下中国经济失衡具有新的特点，所以宏观经济政策需要做出新的调整。

1. 新政策

从应对金融危机的全面扩张政策轨道退出后，我们采取了积极的财政政策（而不再是“更加积极”）和稳健的货币政策（而不再是“宽松”）。所谓“积极的财政政策和稳健的货币政策”组合，早在1998年下半年就已被提出来，且一直持续到金融危机之前的2007年，2010年10月退出反危机刺激政策之后又重新回到这一政策组合，但在这两个不同时期，这一政策组合却包含不同的政策含义。1998年下半年提出这一政策组合，是针对亚

洲金融危机冲击下我国经济增长乏力而采取的反危机措施，相对于此前长期紧缩的宏观政策而言，转向“积极的财政政策和稳健的货币政策”，总体上发生了方向性的转变，从长期紧缩转为扩张，尤其是刺激内需。从 2003 年到 2007 年，虽然经济已进入新一轮高速增长（增长率平均达到 11%以上），但之所以仍采取这种政策组合，是由于在此期间宏观经济失衡的突出特点在于，投资领域需求膨胀，消费领域则相反，需求疲软，不同领域出现了方向不同的失衡，使得宏观政策既难以全面扩张，又难以全面紧缩：全面扩张或许有利于刺激消费需求，但会恶化投资领域中的失衡，全面紧缩或许有利于抑制投资过热，但会加剧消费领域的失衡。因此，政府当时选择了这种松紧搭配的政策组合，兼顾不同领域失衡的不同方向。而现阶段的积极的财政政策和稳健的货币政策，则是从此前应对金融危机的全面扩张政策退出，因此相对而言总体上是从紧的。同时，由于现阶段宏观经济失衡的特征表现为两种风险并存，因此宏观政策既不能“双松”，否则可能有利于遏制经济“下行”，但会因此加剧通胀，又不能“双紧”，否则可能有利于控制通胀，但会因此恶化“下行”矛盾。采取松紧搭配的组合方式主要是防止只顾单一方向的失衡而加剧另一方向的失衡，从而加剧宏观经济的波动。当然，松紧搭配的政策组合最突出的局限在于政策效应可能相互抵消，积极的财政政策的目标和实施可能与稳健的货币政策的目标及实施之间产生冲突，所以，重要的是协调松紧搭配的力度，根据双重风险的矛盾运动变化调整松紧力度（包括财政政策与货币政策之间的松紧力度，也包括财政政策相互间，比如财政支出政策与财政收入政策之间的松紧力度，货币政策相互间，比如货币政策的数量工具和价格工具之间的松紧力度等），合理地确定宏观调控松紧力度的上、下限。从目前状况看，如果将目标通货膨胀率控制在 3%左右，其上限定为 3.5%，那么在其他条件不变的情况下，经济增长率不超过 8%就可实现；如果要把城镇登记失业率控制在 4.5%以下，使实际失业率不继续攀升，那么经济增长率目标不低

于6.5%便可[①]；如果要到2020年如期实现较2010年GDP总量翻一番的目标，同时实现人均GDP翻一番的目标，那么在今后的几年里年均增长6.8%即可。也就是说，在现阶段围绕6.8%这一在2020年实现全面小康的目标所要求的年均增长率，我国宏观经济增长的政策目标增长率可以在6.5%～8%的范围内调整，此外，我国还可以根据这一调整区间的变化，适时适度调整宏观经济政策的松紧搭配力度。当然，如果经济失衡出现特别大的变化，两种风险并存的格局发生根本性转变，通胀或者下行成为显著的突出矛盾，那么松紧搭配的政策格局需要相应变化，或者双松（全面扩张），或者双紧（全面紧缩），如何变化，需视失衡演变的状态而定。

2. 新方式

事实上，松紧搭配的宏观政策只能缓解总量失衡，并不能从根本上缓解失衡。总量失衡的原因在于结构性失衡，之所以经济“下行”风险大，增长动力不足，是因为产业结构升级受阻，企业创新能力不足，低水平的产能过剩矛盾突出，因而即使有钱也难以形成有效的投资，投资需求增长乏力。消费需求增长乏力的原因则主要在于国民收入结构扭曲导致全社会消费倾向下降和消费率降低。之所以通货膨胀潜在压力巨大，是因为国民经济成本结构扭曲导致成本推动压力不断上升，同时国际收支结构长期严重失衡导致货币供应量超速扩张等。克服失衡的根本在于缓解结构上的失衡，而要缓解结构性失衡，在宏观调控方式上必须在关注需求管理的同时，关

① 参见刘伟、苏剑：《从就业角度看中国经济目标增长率的确定》，载《中国银行业》，2014（9）。

注供给管理，因为只有供给管理才能真正直接影响企业行为进而影响结构变化。结构失衡的再平衡本身属于供给方面（生产）的变化，需求管理调节的是市场购买者的行为，供给管理则影响生产者的行为，需求管理直接调整的是总量，供给管理直接影响的是结构，产业结构升级提升企业创新能力，而降低企业成本、提高企业效率、去相对过剩的低水平产能等都属于供给管理的范畴。这就要求在短期里运用宏观经济政策时，既要注重其需求效应，又要注重其供给效应，运用扩张性的财政支出政策刺激需求，运用扩张性的财政收入政策降低企业成本，运用紧缩性的货币政策抑制通胀，同时也需注意因此而形成的企业融资成本上升的压力等。在长期追求总量均衡目标时，需关注包括产业结构、区域结构、技术结构、分配结构在内的一系列结构政策目标。在处理供给管理与需求管理的关系时，应当以需求扩张作为调整供给结构的前提，努力刺激需求，为供给的有效实现创造市场条件，在需求不断被扩张的背景下，为优质产能的实现创造空间，以需求拉动供给总量扩张和结构演变；在调整供给结构和效率时应当以创造和引领需求为主导。在我国现阶段，供给创造需求仍有很大空间，改善产品结构、完善供给质量、提升供给安全水平、创造新的高质量产品和服务、降低产品成本等本身就能创造出有效需求，只是供给本身的问题构成了对需求的严重抑制。

3. 新制度

要有效地实现宏观政策目标和转变宏观调控方式，根本在于创新。首先是技术创新，没有技术创新能力的提升，便不可能有产业结构的升级，不可能有经济增长方式从以数量扩张为主向以效率拉动为主的转变，不可能有企业竞争力的提高和经济的长期可持续发

展，但制度重于技术。制度创新尤为重要，特别是全面深化改革和全面依法治国，即完善社会主义市场经济体制和民主法治秩序，如果不能全面深化经济体制改革，社会主义市场经济体制不健全，秩序不完善，市场机制就难以对资源配置起决定性作用，市场会严重失灵。如果资源配置决策权集中在政府部门官员手中，同时法制化滞后，民主与法制建设严重落后于社会发展的要求，对政府官员的权力在制度上缺乏真正的民主基础和严格的法制约束，那么权力就可能被滥用，由此导致的结果是，企业若想获得某项资源和机会，不能通过公平的市场竞争获得（市场失灵），只能通过与政府谈判并劝说官员批准获得（政府集权），而劝说政府的通常手段便是“权钱交易”，即通常所说的“寻租”，这种权钱交易不仅破坏公平，而且瓦解效率，因为在这种条件下，资源配置不可能按照效率原则进行，而是根据“寻租”原则、根据所谓“腐败指数”进行。许多国家之所以陷入“拉美漩涡”“东亚泡沫”等而难以自拔，其根本原因便在于经济上市场机制不完备，市场机制在资源配置方面难以公平、有效地发挥作用，同时在政治方面民主化、法制化水平较低，对政府集中的权力难以进行制度约束。[①] 因此，强调我国现阶段“四个全面”，是实现我国制度创新的根本，是推动我国转变发展方式、跨越“中等收入陷阱”、实现现代化宏伟目标的关键。

① 参见刘伟：《突破“中等收入陷阱”的关键在于转变发展方式》，载《上海行政学院学报》，2011（1）。

五

新常态下可能产生的“通缩”

1. 我国经济现阶段是否面临产生通货紧缩的可能?

首先，何谓“通缩”? 与通货膨胀相对应，另一种宏观经济失衡现象可能表现为通货紧缩。从传统理论认识上看，严格意义上的通缩主要体现为两方面的宏观经济指标的负增长，一方面是物价总水平的负增长，另一方面是经济的负增长。这两方面往往存在深刻的内在联系，物价总水平的负增长通常表明市场需求疲软，企业销路受阻，应收未收账款增多，逾期坏账规模增大，进而资金周转困难，无力偿还到期债务，为维持生存，不得不降价销售以求资金链不至断裂。若此类情况较为普遍地发

生，则必然会导致物价总水平负增长现象；若持续发生，则必然会引发国民经济负增长，进而导致高失业率。[①] 因此，一般来说，只要出现物价总水平负增长现象，甚至考虑到统计误差，物价总水平不到负增长（比如2%以下）或略高于零时，人们便会担心出现通缩。所以，人们通常又把通缩区分为广义和狭义两类。广义的通缩即严格意义上的物价和经济两项指标同时出现负增长，相应地失业率升高，显著超过社会可承受程度（自然失业率水平）；狭义的通缩则是指一般意义上的物价负增长现象，或者说，物价负增长，但同时经济未必出现负增长，或者经济增长速度只是相对前期放缓，但并未出现负增长。

其次，通缩比通胀更可怕吗？通缩与通胀是两种宏观经济失衡的表现，究竟哪种失衡威胁更深刻、更难以治理，需要根据国民经济发展的不同条件、阶段和特点具体分析。一般而言，通货膨胀首先是一种货币现象，即流通中的货币量（购买力）相对于均衡增长的要求过度扩张，从而使流通中的货币贬值。从严格意义上说，通货膨胀是一种“税”，即政府运用发钞权向社会征收的一种赋税，其根本原因在于政府财政赤字规模过大，增长过快，倒逼央行增加货币投放，以弥补财政缺口，从而使社会上，特别是消费者手中的货币的购买力下降，所贬值的部分刚好形成政府新增购买力，从这一意义上说，通货膨胀是政府利用印钞权对百姓的掠夺。通缩则不同，如果出现严格意义上的通缩，即物价负增长、经济负增长、失业率攀升，那么对于我国这个劳动力人口大国而言，缓解失业往往比缓解通胀更为困难，同时，失业形成的社会冲击也更为集中，因为物价上涨是对公众产生的普遍冲击，而通缩导致的失业却是对特定人群产生的冲击，从而容易使矛盾激化，正是从这一意义上说，通缩比通胀更可怕，或者说失业比通胀更难治理。

① 参见刘伟：《怎样认识和对待可能产生的通缩》，载《区域经济评论》，2014（3）。

最后，宏观经济供求失衡有什么新变化？发生通缩的可能性有多大？2014年来，主要宏观经济指标及结构呈现较显著的良性演变，经济增长率为7.4%，基本达到了预定的目标（7.5%左右），尽管低于历史水平，但与国际社会相比，增长的绝对水平还是较高的；CPI为2%，既未形成现实的较严重的通货膨胀，也未低于通缩的警戒水平，可以说适中，与7.4%的较高经济增长率相配合，是一种较高增长率和较低通胀率的结构；失业率没有攀升，并且全年提前三个月实现了就业的政策目标。未来供求失衡的新特点有可能更为明显，即后危机时期通胀压力和经济下行风险并存的格局或许会发生新变化，其突出特点在于物价水平上升速度放缓，尽管不至于进入严格意义上的通缩阶段，但通缩的价格现象仍会产生，并且将成为趋势。事实上，需求和供给两方面的变化可能同时推动CPI下降：从需求方面来说，需求疲软的势头短期内难以遏制，特别是就内需而言，无论是创新能力不够、产业结构升级动力不足导致的投资需求疲软，还是国民收入分配结构失衡导致的消费需求疲软，在短期内部是无法从根本上扭转的；就净出口而言，由于世界金融危机复苏进程中的种种不确定性和新矛盾，其对我国经济增长的作用程度具有严重的不确定性。从供给方面来说，成本推动的通胀压力有可能绝对或相对地降低，进入上中等收入阶段后，要素成本持续上升的势头有所放缓，国际油价的下跌，国内深化改革带来的效率上升，即改革红利，特别是企业消化成本的能力及对需求疲软的承受力的加强等，一方面使得成本推动的通胀压力有所缓解，另一方面相对地提高了需求疲软条件下供给的扩张能力。这样，在需求与供给两方面的共同作用下，价格上升速度放缓成为自然，预计全年CPI涨幅会在2%以下，出现涨幅低于1%的情况也属正常。

2. 如何认识可能出现的通缩现象的本质？

首先，在需求疲软、供给扩张的格局下，通货膨胀率下降成为必然，但究竟是否会导致严格意义上的通缩则需要区分不同的情况加以判断。第一种情况是，假定总需求疲软，但相较上年并无大的变化，即需求状况虽无扭转但也无大变，或者总需求疲软所产生的作用小于总供给变化的自然扩张程度，那么，供给方面的成本下降形成的自然扩张，会推动经济增长速度加快，至少会使经济增长速度高于 2014 年的 7.4%。这样，由于成本降低，通货膨胀率比上年有所下降，至少低于 2014 年的 2%，同时经济增长速度会加快，与上年相比，形成相对更高的经济增长率和更低的通货膨胀率，同时，失业率会相应下降，这是一种良性的宏观经济运行的结构组合，这时的通货紧缩现象是良性的。第二种情况是，需求疲软产生的作用，或者说总需求萎缩对经济增长所产生的影响大于成本下降引起的总供给扩张的作用，那么，通货膨胀率会下降，低于 2014 年的 2%，同时经济增长率也会下降，低于上年的7.4%，严重的话甚至可能导致经济负增长、失业率上升甚至超出自然失业率的警戒水平，这是一种恶性的宏观经济运行的结构组合，这种通货紧缩现象是恶性的。第三种情况是，在未来的供求关系变化中，需求萎缩和供给扩张对经济增长的作用程度大体相当，在这种情况下，通货膨胀率肯定下降，低于上年 2%的水平，同时经济增长率不变，与上年的 7.4%持平，这时的通货紧缩可以说是中性的。要认识通货膨胀率下降现象的本质，必须深入分析其动因，进而区分不同类型，才能准确把握。

其次，总需求会发生怎样的变化？就投资需求而言，金融危机以来，我国固定资产投资需求增速持续下滑，已显著低于进入 21

世纪以来的平均速度（23%左右），2013 年跌至 20%以下，2014 年下滑势头更为明显，未来这一下滑的自然趋势仍将存在。(1) 制造业投资。由于投资的边际收益率下降，制造业缺乏创新驱动的好的投资机会，在产能普遍过剩的条件下，市场动力难以提升，其增长率不会高于上年。(2) 作为支撑投资需求的重要方面的房地产投资。由于长期房价拐点的出现和短期政策的抑制，房价难以逆转，尽管可能采取新的放松举措，但总体上难以出现大涨，特别是在二线以下城市住房供给过剩的局面短期内难以缓解的条件下，房价甚至可能出现持续下跌，因而 2016 年房地产投资增长率会低于上年。(3) 基础设施建设投资。该项投资相对较为稳定，而且很难再扩大规模，特别是在中央强化对地方政府举债的管理的条件下，基础设施投资需求增长不会高于上年。就消费需求的变动而言，自 2010 年以来，消费需求实际增速持续下降，从 2010 年的 18%以上降至 2014 年的 10%略多，这一下降趋势在未来几年难以逆转。就净出口而言，进出口将面临更为复杂的局面，不确定性进一步加大，全球经济疲软，经济复苏过程中美国经济与欧盟和日本经济形成的反差，新兴经济体与发达国家经济复苏的差异，各国财政政策和货币政策的变化对我国人民币汇率等经济参数的影响，都会形成较大的风险，所以尽管 2015 年净出口增长率可能比 2014 年有所提升，但提升的幅度不是很大，同时，净出口在中国经济中占比低，其对经济增长的拉动作用小。总体上，投资需求和消费需求增长率都将下降，总需求增长率进一步下滑是客观现实。

再次，总供给将会发生怎样的新变化？本来，进入上中等收入阶段后易陷入“中等收入陷阱”的重要原因就在于，总供给方面的要素成本攀升，因此，为避免陷入“中等收入陷阱”，要求发展方式从主要依靠要素投入量的扩张转变为主要依靠要素效率和全要素效率的提升，否则，短期里经济将严重失衡，甚至引发严重的成本推动的通货膨胀，长期里经济增长将难以持续。我国自 2010 年按汇率法折成美元的人均 GDP 水平第一次达到世界银行划定的上中

等收入水平线以来，成本提升对供给的约束日益增强，但未来我国总供给方面有可能发生新的变化。一是2014年8月中央全面深化改革领导小组通过了《党的十八届三中全会重要改革举措实施规划（2014—2020年）》，大量改革项目启动，如新的财税体制改革，包括农村土地承包经营权流转及集体建设用地和宅基地确权等在内的农村土地制度改革，国有经济和国有企业制度改革，文化体制和文化企业改革，进一步的科技体制改革等。伴随改革的全面展开和深化，改革红利逐渐显现，这不仅降低了企业的交易成本和生产及财务成本，降低了企业税费负担及市场进入壁垒，而且提升了供给活力，拓展了企业竞争空间，推动了总供给的扩张。二是自2014年6月以来，国际油价持续下跌，到2014年年末，降幅达30%以上。我国是石油消费大国，对石油的依存度高且逐年上升，进口石油占总消耗量的比重已近60%，且每年以不低于8%的速度递增，国际油价的持续下降降低了我国国民经济的总成本。据测算，国际油价下跌30%，会使我国总生产成本下降近0.9个百分点，总生产成本下降带来的对供给方面的有利影响分解为三个方面，即GDP增长、CPI下降和企业利润上升。如果各分享1/3，则仅此一项便可使GDP增速上升0.3个百分点，这在GDP增长率为7.4%（2014年）的条件下，是很大的上升幅度；可使CPI下降0.3个百分点，在CPI仅为2%的水平时（2014年），这同样是一种显著的影响。三是国民经济供给结构出现良性演变势头，结构性再平衡已渐显成效，包括：三次产业结构趋于优化，尤其是服务业占比超过第二产业；企业对市场需求疲软的适应能力逐渐提升，尤其是企业亏损占主营收入的总体比重较前一高速增长时期有明显下降；国民收入分配结构的失衡趋势开始受到遏制，尤其是国民收入分配差距已有所缩小，基尼系数由金融危机之前（2007年）的0.49以上，降至2014年的0.46左右；整个国民经济的结构性吸纳就业能力有所提高，承受失业的能力也有所提升；等等。

最后，总需求变化和总供给变化相互作用下的“通货紧缩”会怎样？供给方面的变化对经济形成正面冲击，需求方面的变化对经济产生负面冲击，在需求与供给的双重冲击下，供给冲击将引起GDP增长、价格下降、失业率下降，需求冲击将导致价格下降、产出下降、失业率升高。在两方面共同作用下，物价指数下降极为可能，但产出和就业的变化存在很大的不确定性，总需求增长的进一步下滑不利于经济增长和就业增长，但供给的扩张会在一定程度上直接抵消需求的负面冲击。而且供给方面的成本下降，会带动市场均衡价格下降，进而可能刺激需求，缓解需求萎缩的负面效应，因此GDP增速即使下降也只可能较往年略低，甚至可能保持与往年相同的水平。

3. 宏观经济政策应怎样应对可能出现的通货紧缩？

政策力度和方式的选择首先在于明确政策目标。一是目标增长率的选择，关键在于根据供求关系的变化趋势确定经济增长率的上、下限。上限的选择应考虑控制通胀的需要，从现实情况看，通胀的潜在压力虽然仍很大，但直接表现并不突出，反而是通缩现象更为明显，因此若以3%的通胀率为控制上限，那么只要目标经济增长率不超过8%，便可实现。下限的选择应考虑就业目标的要求。根据对2010—2012年中国经济增长对劳动力需求的作用的估算，从总量上看6.5%的GDP增长率便能够实现就业目标。若在上、下限之间选择一个中间值，则应重点考虑实现中长期经济增长目标的要求。根据2020年实现全面小康目标的要求，2020年GDP总量按不变价格比2010年增长1倍，平均每年增长率为7.2%左右。在已过去的几年里，尽管增速较前一时期明显放缓，由高速增长进入中高速增长的换挡期，但也都高于7.2%（2011—2014年分

别为9.3%、7.7%、7.7%、7.4%），年均增长率达到8%左右，在今后的几年里，若实现GDP倍增目标的时间表不变，则每年增长6.7%左右即可保证全面小康目标的实现。同时，考虑在2020年实现全面小康的目标对于人均GDP水平的要求，按不变价格较2010年也增长1倍计算，那么，考虑到期间人口总量虽然增速放缓，增长绝对量会逐渐减少，但仍是正增长，要实现人均GDP同步倍增，年均增长率就必须略高于总量翻番所要求的平均增长率（6.7%）。综合地看，目标增长率为7%～7.4%较为稳妥，既能够满足中长期增长目标和近期就业目标的要求，又考虑到了客观事实（需求萎缩，增长率预计不会高于往年，但考虑到供给冲击，增长率也不至于下滑过猛）。再根据中长期增长目标对年均增速的要求和保就业所要求的短期增长率，同时考虑到政策目标的波动幅度不宜过大，2015年目标经济增长率设定在7%～7.4%是合适的，也是可行的。二是通货膨胀率控制目标的选择，从需求和供给两方面变化产生作用的共同性看，2015年通货膨胀率的目标控制，除警惕潜在的通胀压力上升转化为现实的通胀，即关注通胀率的上限外，还需增加通胀率下限目标。当通货膨胀率降至2%以下，尤其是低于1%甚至更低时，人们的预期可能会受到较大的负面影响，需求萎缩有可能加剧，进一步抑制经济增长，使市场均衡价格水平下降对需求可能产生的刺激作用转变为抑制作用，因此目标通货膨胀率的上限和下限分别设定为3%和1%是较现实的，也是必要的，一方面不要明显高于2014年的2%，特别是，经济增长率低于2014年7.4%的水平，但通胀率明显超出2014年2%的水平，不是政策目标应选择的状态；另一方面也不应明显低于1%，因为过低的通胀率将影响人们的预期，给经济增长带来不确定性。

其次在于明确财政政策与货币政策的组合方式。“积极的财政政策与稳健的货币政策”是自2010年10月我国政府从全面反危机政策轨道择机退出后采取的宏观政策组合方式，相对于反危机时期“更加积极的财政政策和适度宽松的货币政策”而言，宏观政策从

“双松”式的全面扩张转变为“松紧”搭配式的组合，即财政政策的扩张力度虽有减小，但扩张（积极）的导向未变，货币政策则相反，从宽松逆转为稳健（从紧），目的是适应择机退出后控制宏观经济通胀压力和经济下行双重风险的需要。根据目前需求与供给双重冲击下宏观经济失衡的新变化，这种松紧搭配的政策格局需要适时适度调整，一是财政政策虽然需要继续扩张，但更需重视结构。在需求总体萎缩的趋势下，要实现目标经济增长率和就业目标，财政政策对需求的刺激，特别是对基础设施建设投资需求的刺激，是必要的，也是可能的，但对总需求在总量上的扩张力度需要予以控制，更重要的是需要突出结构性扩张，在产能严重过剩的条件下，这一点尤为重要。因而，第一，扩张性的财政政策在刺激需求时要更多地关注基础设施及公共领域的投资，尽量减少一般性产业投资，特别是减少竞争性领域中的直接投资；第二，扩张性财政政策在关注其短期需求效应的同时，更要强调其所包含的中长期的供给效应，通过财政政策，降低企业成本，刺激企业创新，鼓励产业结构升级，发展优势高端设备制造业，引导企业组合结构优化；第三，综合运用财政政策工具，除运用财政支出政策刺激经济外，还要强调运用财政收入政策刺激经济，对于扩大供给效应、强化结构调整而言，财政收入政策的作用更为重要。二是调整稳健的货币政策的松紧力度，使从紧的货币政策朝着相对放松的货币政策，至少朝着中性货币政策方向转变。事实上，在危机之后的复苏阶段，如果国民经济中存在“滞胀”风险，财政与货币政策难以统一到同一目标、同一方向，因而不得不采取松紧搭配的反方向组合的话，那么一般应以较从紧的财政政策与较宽松的货币政策组合为宜，因为继续保持反危机时扩张性的财政政策会对财政赤字进而对通货膨胀产生持续的、巨大的压力，对经济的有效增长并不利，而采取从紧的货币政策则会提高企业融资成本，对复苏中的企业投资扩张产生抑制效应。反之，采取相对从紧的财政政策有利于消化反危机时扩张性财政政策产生的成本，相对宽松的货币政策则有利于降低企业

成本，刺激企业投资。我国目前虽已进入后危机的复苏调整消化期，但需求疲软趋势明显，因而采取紧缩性的财政政策不现实，在总体扩张的基础上强调结构性扩张是合适的，同时稳健的货币政策的从紧力度也应适当调整，这是通缩背景下的客观要求。因此，第一，随着通缩现象的发生，实际利率可能上升，为使实际利率保持在合理水平，央行在货币政策上需要降低基准利率，以适应市场利率可能降低这一变化，同时，着力推进利率市场化改革，提升金融机构自主定价的能力和空间。第二，在目标通胀率范围之内合理确定货币政策的放松程度，使总量目标和结构性目标相配合，为国民经济结构调整创造货币政策条件，使总量政策与结构性定向政策相协调。第三，数量工具与价格工具相结合，伴随我国利率市场化改革的逐渐展开，货币政策的中间目标，即货币供应量与货币价格之间的市场内在联系在逐渐形成，使得货币政策通过调节货币数量来引导市场利率，或者通过调节基准利率来影响市场利率，再引导货币市场供求关系中的货币供应量变化，在机制上逐渐成为可能，因此降息与降准、调节流动性总量与引导市场利率变化等均存在统一协调的可能性和必要性。第四，丰富和完善各种政策工具组合，提高流动性管理水平，维持流动性的合理规模，特别是在外汇占款作为央行基础货币投放渠道的作用减弱的条件下，面对资本流动、财政政策、资本市场变化等复杂因素，运用更加灵活和多样的政策工具，保持流动性充裕，对降低国民经济融资成本，特别是降低企业成本，尤为重要。

六 新常态下货币政策选择面临的特殊条件

1. 我国货币政策效应的特殊性

货币政策作为宏观经济政策中最为基本和重要的政策手段，在我国改革开放以来特别是进入21世纪以来，对经济发展和实现均衡增长起到了极其重要的作用，尤其是在应对金融危机对我国的冲击的过程中，发挥了特殊的政策效应。欧美国家在应对此次金融危机的过程中，虽然货币政策有所调整，但相比之下，财政政策的变化及其产生的作用更为显著。这是因为，一般认为，本次金融危机的形成原因在相当大的程度上是这样的：自20世纪70年代出现“滞胀”以来，政府为缓冲“滞胀”采取了以降息和放松银根为基本手段的货币政策，

以降低企业运用货币的成本，同时刺激需求，于是累积了大量低效率基础上的扩张性泡沫，当泡沫破裂时，金融危机就发生了。由于货币政策本身就是形成金融危机的重要原因，货币政策的微调对于应对金融危机并无大用，因此人们开始重新强调财政政策应对危机的有效性。我国则不同，在金融危机发生前后，为应对危机对我国的冲击，除了调整财政政策外，还改变了货币政策的方向，不过财政政策的调整只涉及政策作用力度的变化，并不涉及方向的改变。自1998年下半年到2002年，为反衰退、反通缩，我国开始采取强力扩张的财政政策；2003年至2007年，为缓解投资领域过热、消费领域过冷这一失衡，我国继续采取积极（扩张）的财政政策；2008年，特别是2008年下半年以后，面对金融危机的冲击，财政政策的方向未变但力度加大；自2010年年底以来，我国再次调整财政政策的力度，财政政策的导向从反危机时期的“更加积极”重回危机前的“积极”。总体上看，财政政策的方向始终都是扩张。

但同期货币政策则不然，自2003年至2007年，我国在采取积极的财政政策的同时，采取了稳健的货币政策，连续加息和上调法定存款准备金率以及后来的信贷规模指标控制等都显示了当时货币政策的紧缩倾向。2008年下半年，针对反危机的需要，货币政策导向从以前的“稳健”（紧缩）状态逆转为“适度宽松”（扩张）。2008年年末相比年初新增贷款4.9万亿元，2009年新增9.6万亿元，2010年上半年新增4.6万亿元，印证了货币政策导向由紧缩逆转为扩张的变化。自2010年年底以来，货币政策又重回危机前的状态，即“稳健”（紧缩）状态，连续上调法定存款准备金率和利率的举措表明了这一点。危机前后货币政策导向的逆转表明货币政策在我国现阶段起着极为特殊的作用，尤其是在财政政策方向始终不变的条件下，货币政策导向多次发生逆转，表明我国当前货币政策的效应较欧美国家而言，更为显著。这是当前我国货币政策效应的突出特点之一。

我国货币政策效应的另一特点在于，货币政策对我国不仅具有

显著的需求效应，而且具有重要的供给效应。我国目前是中等收入的发展中国家，人均GDP已接近4 000美元（按汇率法计算），处于这一水平的经济体，既有进一步持续增长的可能（如果没有特殊原因，那么一国在成为高收入发展中国家之前，即实现新兴工业化国家目标之前，通常是有可能继续保持较高的增长速度的），又面临"中等收入陷阱"的威胁（Indermit Gill and Homi Kharas，2006）。这种威胁的产生，有来自需求方面的原因，比如收入分配不合理导致的内需不足，又比如过于依赖出口支撑，在世界市场萧条时外需严重不足导致总需求不足等。但"中等收入陷阱"的产生，更重要的是来自供给方面的原因，核心问题在于中等收入发展阶段种种要素成本（包括土地、劳动成本、环境成本、上游投入品成本等）大幅度上升，而与此同时，创新水平提高迟缓，技术创新和制度创新能力均较弱，导致效率提升迟缓，远不能消化上升的成本，经济增长的均衡性和可持续性受到严重损害，经济增长持续低迷，通货膨胀率却居高不下。克服"中等收入陷阱"的关键是从供给方面改善国民经济，通过创新提高效率，使经济增长方式切实从主要依靠要素投入量扩大转变为主要依靠要素效率提升，使核心竞争力从主要依靠低廉的要素成本转变为主要依靠技术进步。事实上，中等收入发展阶段之所以出现内需不足，重要的原因也在于供给方面。供给方面创新不足，就缺乏新的投资机会和投资领域，扩大投资只能在原有技术和经济结构的基础上进行，结果只能是重复投资。内需不足必然导致过于依赖出口，使国民经济增长的均衡性受到国际市场周期的严重干扰（刘伟，2010）。

因此在我国现阶段，包括运用货币政策在内的全部宏观经济调控，除关注政策的需求效应外，也需要关注其供给效应，尤其是关注这次金融危机的教训。这次金融危机的发生在相当大程度上是由于货币政策长期片面强调其刺激需求的政策效应，尤其是通过持续降息降低投资者使用信贷资金的成本，一方面刺激投资需求，另一方面减轻成本推动的通胀压力，进而缓解自20世纪70年代以来的

"滞胀"问题，由此付出了供给方面的巨大代价——降低利率实际上是降低对投资项目效率和盈利能力的要求，结果导致扩张的需求拉动的是大量低质量、低水平的投资泡沫，当需求扩张到一定程度，拉动种种要素价格，包括信贷资金价格（利率）上升时，以往低利率即低盈利标准下形成的大量投资便成为不良资产。

一般来讲，货币政策不能过于宽松，尤其是在长期里不宜过于宽松，否则不利于企业竞争力的提高。从紧的货币政策会对需求扩张产生不利的影响，但同时可能迫使企业进一步提高效率，进而产生供给方面的有利效应；在人民币升值加快时，会对出口需求产生不利影响，但同时会使进口商品的价格下降，进而使相关企业的成本下降，竞争力得到提高，产生有利的供给效应。总之，我国作为中等收入的发展中国家，货币政策的选择既要关注其需求效应，又要关注其供给效应；既要关注其短期效应，又要关注其长期效应。一切不利于改善供给的需求扩张，都是不能持续的（北京大学中国国民经济核算与经济增长研究中心，2010）。

2. 我国货币市场供求失衡的特殊性

我国当前的情况与欧美国家金融危机下的货币市场供求失衡不同。总体上看，欧美国家受到金融危机的冲击后，首先是金融部门的资金产生问题，进而引发资金链断裂，从而不得不收紧银根，于是导致对金融部门依赖度高的实体产业部门资金紧张，形成金融和非金融部门都缺钱的状况，进而对货币产生巨大的需求，要求采取扩张性货币政策，增大货币供应（Friedman，2007）。我国现阶段则不然，我国货币供求关系失衡的表现是国民经济对货币的有效需求不足，相对于货币需求不足而言货币供给充裕，甚至出现严重的流动性过剩，这就增加了货币政策选择的困难，即不能简单地采取

扩张性货币政策（苏剑等，2009）。

第一，现阶段我国经济对货币的有效需求为何不足？长期性的原因在于创新不足。首先是技术创新不足。大型企业，特别是大型和特大型国有企业，虽然资金雄厚（由于有国家资本金的大量投入，在直接融资渠道及间接融资市场上具有突出的竞争力，或者拥有部分重要垄断力量，一般来讲，国有企业特别是中央企业的资本雄厚），但由于技术创新不足，缺乏有效的新投资机会、新投资领域、新产品，若扩大投资则往往只能在原有技术和产业结构的基础上重复投资，因此若无特殊的政策需求，就市场约束而言，这些技术创新力弱而资金雄厚的大企业并无多少对货币资本的需求，至少由于其自我积累能力强，对银行贷款需求不大。其次是制度创新不足。中小企业，特别是中小民营企业，虽然可能有对资金的需求，但一方面，由于本身制度和发展上存在缺陷解决不了，无可抵押和担保的资产的问题解决不了，资金市场对其需求自然难以承认；另一方面，由国有银行和金融机构占据垄断地位的金融市场，在体制上也难以与民营企业的需求有效对接。因而，即使民营中小企业有对货币资本的需求，这种需求也难以转变为市场承认的有效需求。

短期性的原因在于金融危机的冲击。国际金融危机冲击出口，导致与出口相关的企业的订单减少，甚至停产、破产，其投资意愿自然下降，对货币也没有进一步的交易性需求，经济由此出现衰退或增速放缓，失业率上升，进而引起居民消费意愿下降，这就会影响企业的投资需求和居民的消费需求。这种影响至少会产生两方面的后果：一方面导致国民经济总需求下降，增长率下降，失业率上升，物价下跌；另一方面导致企业和居民的交易性货币需求减少，即使在货币供给不变的情况下，也会引起流动性的相对过剩。

第二，现阶段我国货币供应为何相对过剩？除需求方面的原因外，就货币供给而言，不能说货币政策过于宽松。进入 21 世纪以来，除了个别年份，特别是 2008 年下半年至 2010 年上半年为应对危机影响，采取了较宽松的货币政策外，多数年份我国的货币政策

是从紧的，但至少有两方面的原因刺激着货币扩张。

一是财政资金与信贷资金配套的财政模式支撑了货币扩张。在当代西方国家，财政融资主要通过税收和债券，很少通过银行信贷，因而西方国家的宏观经济分析一般不把信贷与财政直接联系起来。我国则不同，除了税收和债券外，银行贷款是我国财政融资的重要渠道，它主要是通过财政资金和信贷资金配合的方式进行（王元京，2010）。在体制上，由于我国银行大多是国有或国有控股，即使是非国有银行也被严格纳入统一的监管体系，因而银行信贷受行政影响的程度较大，逐渐形成了财政资金与信贷资金配合的模式，比如，国债投资项目配套银行贷款、财政贴息配套银行贷款、财政投资项目配套政策性贷款、财政支持信用担保与银行贷款配套、财政投资资金与银行贷款配套等（王玉平，2009）。事实上，土地财政与信贷资金结合也是一种财政与信贷的配套，政府，特别是各级地方政府，以未来土地专项收益做抵，通过地方性融资平台向银行贷款。

可见，我国的信贷扩张在许多情况下是财政扩张的结果。这种扩张增加了经济中的货币量，但这主要不是通过基础货币增加来实现的，而是通过货币乘数增大来实现的。当实体经济下滑导致信贷需求下降时，大量货币滞存于银行体系之中，在法定存款准备金不变时，超额存款准备金增加。政府推出财政刺激计划后，银行信贷与财政扩张资金配套，财政政策就直接刺激了信贷投放，使得滞存于银行体系的货币减少，于是超额存款准备金率降低，从而货币乘数上升，经济中的货币供应也相应地增加。我国 2008 年年末至 2009 年年末的相关数据十分清楚地反映出了这一点，金融机构的超额存款准备金率一直在下降，相应地，货币乘数一直上升，这与这一时期我国财政刺激政策（所谓四万亿元中央财政刺激措施）和大量的信贷投放相互配合是一致的。

二是国际收支领域中的失衡扩大了货币供给。我国货币供给方式与发达国家也有所不同。美联储主要是通过在公开市场上买卖国

债来调节基础货币的，由于美国国债规模大，通过公开市场操作调节基础货币的空间也相应较大。在我国现阶段，影响货币供给的主要因素包括再贷款、再贴现、央行票据、结售汇、财政存款等。严格地讲，财政存款是政府与央行之间的资金往来，主动权在政府而不在央行，不能算作央行的一种政策手段。我国国债规模比较小，央行通过买卖国债对基础货币的调节作用有限，因而我国央行对基础货币进行调节时主要运用的是再贷款和再贴现手段。但是随着中国国际收支长期顺差的出现，外汇储备规模持续大幅增加，在结售汇制度下央行外汇占款不断增加，到 2006 年央行外汇占款开始超出其他因素决定的基础货币，成为影响基础货币供给最主要的因素。而再贷款和再贴现在基础货币供给中所占的比例不断下降，到 2009 年年底，外汇占款与基础货币之比已达 122%，最高月份曾达 129%。[①]

从全球经济复苏的趋势看，我国出口增长将逐渐回升，贸易顺差的格局仍将存在，外汇的流入仍将使外汇占款增加。同时，考虑到来自国际社会要求人民币升值的压力以及对人民币升值预期的增强，更多的 QFII 和国际热钱可能会通过种种途径流入国内，这样在国际收支贸易顺差增加和人民币升值预期的双重压力下，我国外汇占款总量还可能继续增加，在相当长时间里可能成为推动基础货币增加的最主要的因素，需要运用央行票据对冲的外汇占款一定会增大，央行票据增量也会相应地增大，对冲压力会上升。

总之，我国现阶段供求失衡的特点是对货币的有效需求不足，特别是实体经济对货币的需求不足。同时，银行本身未受金融危机的直接冲击，本身资金充裕，加之财政与信贷配合，以及国际收支失衡下的外汇占款增加，货币的供给能力较强，流动性过剩将长期存在。

① 参见中国人民银行 2009 年各季度发布的《中国货币政策执行报告》。

3. 我国货币政策目标选择的特殊性

货币政策的最终目标无外乎两个，一个是增长目标，另一个是均衡目标。进一步还可以分为五大目标，即增长目标、收入均衡目标、控制物价及资产价格目标、就业目标、国际收支平衡目标。如果经济总量失衡的方向清晰，则宏观经济政策目标和倾向选择相对容易，否则便较为困难。我国现阶段货币政策目标选择上的困难，既源于宏观失衡的特殊性，又源于货币供求失衡的特殊性。

从宏观失衡的特殊性来看，改革开放以来，我国宏观经济失衡经历了较大的变化，总体上可分为三个大的阶段，具体可细分为七个小阶段，每一个阶段的特点各不相同。

从货币供求失衡的特殊性来看，一方面，我国对货币的有效需求不足，相应地，市场性的消费和投资需求均呈疲软状态，剔除政府干预的因素，纯粹市场性私人需求不足更为严重，这种内需不足自然会导致商品和服务价格下跌，甚至严重的经济衰退。从短期货币政策来讲，为应对这种货币需求不足的问题，应当刺激经济中的内需，因而应采取扩张性的货币政策。另一方面，相对于需求不足，我国市场上交易性货币需求下降的同时，必然会形成流动性相对过剩，并且在投资需求和消费需求均不足的条件下，在经济结构上会使大量相对过剩的流动性进入不了投资和消费的实体经济，于是更多地流向虚拟经济，引发资产价格上涨，或者导致更多的商品被作为金融衍生投资品而虚拟化，进而价格出现投机性暴涨。这种情况又要求采取紧缩性货币政策，收紧相对过剩的流动性。这样，货币供求失衡的特殊性就使货币政策目标选择面临困境，应对货币需求不足应当采用扩张性货币政策，而应对流动性相对过剩又应当采取紧缩性货币政策，究竟如何选择，又是一个两难的问题。

然而，就矛盾的主要方面而言，现阶段货币政策的目标还是应把反通胀、抑制资产价格过快上涨、防止经济严重泡沫化放在首要位置。就长期趋势而言，我国的经济体制背景和经济发展的阶段性特征，要求我国货币政策比发达国家更关注稳健性目标，尤其不能把短期宽松政策长期化。从体制背景来说，资本要素市场有待完善、央行的独立性仍需明确、国有银行及国有控股银行的垄断地位及行政性特征、地方政府的投资冲动，以及财政政策对银行信贷的直接刺激等都说明，我国现阶段经济体制与货币供求均衡目标的实现缺乏内在约束机制。从经济发展的阶段性特征来看，现阶段的中国经济仍处在工业化、城市化加速阶段，增长速度目标的实现并不困难，困难主要在于如何实现增长中的均衡目标。

就短期政策环境而言，首先，当前我国实体经济的交易性货币需求不大，流动性相对过剩的状况并未根本改变，如果继续扩张货币，不仅实体经济得不到刺激，而且资产价格会进一步上涨。资产价格大幅上涨会推动通货膨胀率上升，尤其是增强社会的通货膨胀预期。其次，扩张性的财政政策本身可以通过种种渠道刺激信贷扩张，经济一旦走出严重衰退的低谷，就要考虑增长目标和通胀控制之间的均衡，货币政策目标的选择必须考虑财政政策所产生的货币扩张效应，央行应当考虑将经济中过剩的流动性上收，因而保持货币政策的适度从紧是必要的。事实上，进入 21 世纪以来，包括 2003 年至 2008 年上半年采取稳健（从紧）的货币政策时，货币政策的紧缩效应并不显著，其中重要的原因便是积极（扩张）的财政政策在一定程度上抵消了货币政策的紧缩效应。现阶段宏观政策重回积极的财政政策和稳健的货币政策松紧搭配的反方向组合的轨道，货币政策目标的选择尤其要注意与财政政策的扩张效应的对称。最后，在出口逐步回升的国际环境下，外汇占款会相应逐步增加，在人民币升值预期增强的情况下，外汇流入会进一步增加，从而使央行的基础货币投放量被动增大，为保持基础货币适度增长，采取从紧的货币政策是必要的。

4. 我国货币政策工具运用的特殊性

货币政策影响国民经济的最终目标，包括增长和均衡目标，需要经过一个政策效应传导过程。由于各国经济发展水平和制度背景不同，因此这一政策效应的传导时间，即货币政策的“时滞”不同。由于这一“时滞”的存在，货币政策的调整往往不能根据最终目标，而要选择“中间目标”，这种中间目标的选择也就是通常所说的货币政策工具的运用。货币政策工具通常分为两大类：一是数量型工具，包括再贷款、再贴现、法定存款准备金率、贷款限额、央行票据等，这些工具影响货币数量的变化；二是价格工具，即利率政策，它影响资金价格的变化。在金融市场化水平较高、资本市场体制比较完善的条件下，央行在货币数量和货币价格这两方面的中间目标，往往只需锁定一个，另一个中间目标也就相应地内生地形成了。也就是说，货币数量和利率之间有其内在的联系。比如美国在 20 世纪 80 年代之前是盯住货币数量，通过调整利率，使货币供给与需求之间保持均衡；80 年代后则盯住利率，通过调整货币数量，使市场利率与目标利率趋于一致。由于我国经济发展和经济体制的特殊性，我国货币政策中间目标的选择，采取的是双锁定方式，即货币政策同时盯住货币数量和利率，这在一定程度上可以提高货币政策的有效性，但却有可能割断货币数量与利率之间的内在联系。

从我国目前的情况看，利率政策的有效性显然是不显著的。因为我国现阶段经济失衡，特别是货币供求失衡的突出矛盾是实体经济对货币的有效需求不足，相应地，流动性相对过剩。如果央行直接上调基准利率，那么在货币供给一定的条件下，货币需求会进一步下降，从而流动性相对过剩的情况会进一步加剧，资产泡沫也会

进一步加剧。所以，当流动性相对过剩时，央行是不能简单地直接上调基准利率的，利率上升会提高企业的融资成本，从而抑制实体经济对货币的有效需求，并导致流动性相对过剩的状况进一步恶化。所以调整基准利率或许能够调整利率与通胀率之间的关系，均衡地降低负利率程度，但对克服目前我国货币供求失衡，实现货币政策防止资产价格大幅上升的目标来说，不仅作用不显著，反而很可能带来相反的效果。

更为有效的工具选择应当是数量工具。在流动性相对过剩的情况下，一般来说，再贷款和再贴现手段对收紧货币的作用有限，央行通常很少运用这两个工具。贷款限额作为一种重要的数量工具，其作用是较显著的，我们以往也常常采用这种规模指标限制的办法，但考虑到目前扩张性财政政策对信贷资金的需求，对信贷额度进行过多的限制可能不利于财政政策作用的实现，进而加剧经济衰退，因此我国目前在选择货币数量工具时，应以法定存款准备金率和央行票据为主。也就是说，在维持较低利率的基础上，主要通过调整法定存款准备金率和发行央行票据来收紧经济中过剩的流动性。当然，还要加强外汇管理，拓宽外汇运用和投资性支出的领域，完善外汇运用的机制，同时鼓励外商直接投资尽可能以非金融资本的形式进入，增加短期外资流入的成本等，缓解国际收支失衡对货币供求关系的冲击。

七

新常态下财政支出与财政收入政策间的结构特征分析

1. 财政支出与财政收入间存在松紧搭配的反方向组合特征

长期以来，我国财政支出政策是扩张性的。自1998年下半年起，为应对亚洲金融危机的冲击，我国财政政策导向由适度紧缩转为积极，尤其是财政支出政策的扩张倾向明显。2003—2007年，尽管我国经济已走出亚洲金融危机的阴影，开始出现持续高速增长（年平均增长率达到10%以上），投资已开始出现高速扩张趋势，货币政策导向已开始转为从紧（稳健的货币政策），但财政支出政策仍坚持扩张导向。2008年后为应对世界金融危机的冲击，放弃了2008年年初“防通胀、防过热”的

紧缩政策，转而采取“更加积极的财政政策和适度宽松的货币政策”，财政政策的扩张力度进一步加大。2009年财政赤字创纪录地达到9 500多亿元，占GDP的比重已接近3%（《马斯特里赫特条约》规定的欧元区国家的赤字上限）。直到2010年第四季度开始“择机退出”之后，我国财政政策的导向仍未逆转，即继续保持扩张性（积极的）财政政策，但对扩张力度进行了调整，由此前的“更加积极”重回“积极”。总的来看，我国财政支出政策有两个较为突出的特点：一是自20世纪90年代末以来，扩张性的政策方向基本未变，改变的只是扩张力度；二是财政支出政策的扩张力度总体上是较为适度的，特别是由于体制方面的特殊性等原因，与欧美国家相比，财政支出的扩张力度相对较小，欧美国家运用的国债、赤字等平衡预算的做法，在我国应用时相对更为谨慎，我国财政赤字均在GDP的3%以下，国债余额占当年GDP的比重一般也只在20%左右，显著低于《马斯特里赫特条约》规定的欧元区成员国政府债务总额不能占GDP比重的60%的上限[①]（这在一定程度上和我国财政与货币的联系更为紧密这一体制特点有关，我国政府有相当部分投资不是依靠举债筹款，而是通过银行信贷计划支持，即银行的财政化，这在一定意义上减轻了政府的债务压力）。

但我国的财政收入政策究竟是扩张的还是紧缩的，就没有财政支出政策这样明确，需要深入展开讨论，这里有几点需要予以说明：(1) 税收占GDP的比重是否在持续上升？1994年分税制改革之前，税收是波动的，特别是在20世纪80年代中期“利改税”过程中，一部分利润转变为税收，因此这一期间的数据不具可比性。1994年后，税收占GDP的比重曾下降到有史以来的最低水平(1996年为9.71%)，此后，税收占GDP的比重开始稳步上升。尽

① 事实上大多数发达国家都超过了这一上限。例如，据国际货币基金组织(IMF)估计，2010年美国的政府债务总额占GDP的比重为92%，德国为80%，法国为82%，意大利为119%，英国为77%，加拿大为84%。参见庄健：《由美债危机而想到的》，载《上海证券报》，2011-08-11。

管在此期间，我国采取了许多减税措施，比如，1998 年开始提高纺织品出口退税率（由 9%提高到 11%），并取消了企业 22 项行政事业收费；1999 年进一步提高服装业出口退税率（提高到 17%），对房地产业的相关税费给予一定减免，同时取消对企业的 73 项基金收费；2000 年对软件、集成电路等高新技术产业实行税收优惠；2004 年采取新的出口退税办法，普遍加大退税力度；2006 年前后各地先后取消了农业税，并大规模取消针对农户的缴费项目；2005 年起在东北地区试行（2009 年作为应对金融危机的举措之一）增值税转型，即将增值税由生产型转为消费型，估计每年减少的税收额达数千亿元；2008 年起对内资与外资企业实行统一税率，内资企业适用的所得税率由此前的 33%降至统一的 25%，再加上现阶段试行的营业税转型，即增值税扩围，很有可能产生减税效应。另外，还有一些正在讨论中的结构性减税举措等。

但与之对应的是，我国税收占 GDP 的比重持续上升。这里要区别一个问题，即税收增长和税收占 GDP 的比重增长不是同一个概念。税收增长是税收总量的扩张，其基础首先在于经济发展及经济增长，同时，税收体系是否完整，税种结构状态如何等都会影响税收增长。税收总量扩张并不意味着税收在国民收入中的比重上升，只有当其他条件不变，同时税收增长速度较长时期高于国民收入增长速度时，或者在国民收入增速既定，政府税收收入增速长期显著高于企业和居民收入增长速度的情况下，税收在国民收入中的比重才会显著上升。一般意义上的税收增长并不意味着采取了从紧的财政收入政策，因为政府税收总量增长的同时，可能企业和居民收入增长更快，也可能是在降低税率、减少税种的同时，由于经济活力的提升、企业效率的提高，税收总量不仅未减少反而有所增加，即所谓“减税等于增税”。但如果政府税收在国民收入中所占比重持续提高，那么，就财政收入政策而言，可以视为较前一时期采取了相对从紧的政策导向。尽管可以通过财政支出政策的扩张来刺激经济，但同时从紧的财政收入政策事实上抑制了市场力量的扩

张，增大的财政支出扩张效应在一定程度上是建立在抑制市场力量扩张的能力提升的基础上的，这种财政收入与财政支出政策反方向结合的最终效应具有很大的不确定性。这种不确定性主要包含两方面：一方面，从紧的财政收入政策对市场需求的抑制效应与扩张的财政支出政策对市场需求的扩张效应究竟孰大孰小？另一方面，如果扩张性的财政支出政策的刺激效应大于从紧的财政收入政策对市场需求的抑制效应，那么政府财政支出政策的投资效果会怎样？从资源配置的微观效率上看，通常政府的投资效率会低于市场竞争性效率。因此，财政收入政策的导向不能一般地从税收总量上看是减税还是增税，重要的是要看税收在国民收入中所占的比重是否提升。

我国虽然从 1994 年分税制改革之后，采取了一系列减税措施，但自 1996 年以后，税收占 GDP 的比重却持续上升，到 2010 年已达到 18.25%。1996—2010 年，税收占 GDP 的比重逐年提高，并且中间没有任何波动，几乎每隔两年上升 1 个百分点以上。究其原因主要有三点：一是我国的税收增长速度长期高于经济增长速度，从 1994 年（分税制改革）至 2010 年，以现行价格计算的我国名义 GDP 的年均增长率为 14.2%（已剔除价格不可比因素，因财政收入增长是以现行价格计算的），而同期我国按现行价格计算的政府全部税收收入的年均增长率为 18.1%，税收年均增速高出国民收入增速 3.9 个百分点。二是在国民收入的宏观分配结构上，政府（财政收入）、企业（体现 GDP 增速）和居民（居民收入）三者相比较，财政收入增速长期最快。2011 年财政收入增速为 22.6%（以现行价计算），剔除价格因素均按当年现行价计算，GDP 增速则为 17.5%（按不变价计算为 9.2%），财政收入增速明显高出 GDP 增速。[①] 同期，居民收入的年均增速则更低，显著低于 GDP 的增速，以至于“十二五”规划中不得不明确要求居民收入增速必

① 参见朱青：《对我国税负问题的思考》，载《财贸经济》，2010 (7)。

须与GDP增速保持同步。这种国民收入分配的宏观结构性失衡，不仅使财政收入政策从紧的倾向更为明显，而且在一定程度上抑制了市场需求的扩张，尤其是抑制了消费需求的增长。居民收入增速长期低于GDP增速，更低于财政收入增速，使居民收入在国民收入中所占的比重持续下降（据估算，从1998年至2008年世界金融危机爆发，我国居民收入占国民收入的比重下降了近10个百分点，从68%左右降至58%左右）。这也是我国经济增长长期主要依靠投资需求扩张拉动，尤其是依靠政府投资拉动，而消费需求对增长的拉动作用相对不足的重要原因。三是在税种结构上，我国的流转税税种比较多，在现行19个税种中有一半是流转税，如增值税、营业税、消费税等。而且针对同一产业设置了多种流转税（而其他国家大多是所有的产业只设置一种流转税），如对某些产业除征收增值税、营业税以外，还附加有多种流转税，如烟酒领域的消费税，汽车产业的车辆购置税，房地产转让过程中的营业税、契税等。此外，所有产业都有城建税。同时，流转税性质的税种在税收总量中所占比重高，增值税作为主要的流转税，在1994—2010年（分税制改革后）的年均增长率为15%左右，略高于同期GDP增速(14.2%)，其在税收中的比重由1994年的45%下降到28.8%，但仍是在税收总量中所占比重最高的税种。[①] 营业税同样是流转税性质的，目前在税收总量中的年均所占比重已超过15%，1994年分税制改革后，年均增长率达到19%以上，明显高出GDP的年均增长率。此外，费改税也在一定程度上推动了财政收入增速上升，比如以往的养路费列入消费税等。

由此，便形成了我国现阶段财政政策在支出与收入两方面的突出的结构特征，即扩张性的财政支出政策与紧缩性的财政收入政策的反方向组合。就财政政策本身的逻辑体系而言，这种反方向组合

---

① 从生产角度看，GDP是各部门增加值的合计，但在第一产业，相当一部分增加值是免税的，所以到底是多交了钱，还是少算了GDP，这是值得进一步研究的。

有一定的道理，即不断扩张的财政支出政策，必须有不断增长的财政收入作为支持。但财政收入量的增长（以支持财政支出规模扩大），并不意味着财政收入占国民收入的比重的持续提高，并不意味着财政收入的增长速度长期高于GDP和居民收入的增长速度。否则，就不是一般的财政收入增长，而是紧缩性的财政收入政策了，即以降低企业和居民收入增长速度为代价来换取财政收入高增长。①

2. 我国财政支出与财政收入政策反方向组合的演变趋势

就扩张性的财政支出政策而言，一般来讲，在危机过程中，采取扩张性的财政支出政策对于短期增长具有显著的效应，但在危机过后若长期采取强力的扩张性财政支出政策，则不仅对经济增长没有正效应，反而会形成巨大的赤字，从而推动通货膨胀，进而给经济增长带来严重的负效应。因此，在应对经济危机的过程中，一旦危机状况有所缓解，扩张性的财政支出政策就应当率先退出，而不应长期采取扩张性的财政支出政策。当然，财政支出政策的率先退出，是以市场力量，即企业的投资需求和居民的消费需求的逐步复苏为前提的。我国现阶段的现实在于，由于制度创新，特别是要素市场化不够深入，市场竞争不充分，大型和特大型国有企业作为垄断力量，其创新能力受到抑制，难以找到有效的投资机会。民营小企业难以获得金融等要素市场的支持，其投资需要难以转化为有效的投资需求。在市场力量难以复苏的条件下，经济增长往往主要依

① 参见刘伟：《我国现阶段财政支出与财政收入政策间的结构特征分析》，载《财贸经济》，2012（10）。《新华文摘》2013年第3期转载。

靠政府（包括中央和地方）投资拉动，使扩张性的财政支出政策难以适时退出。这种状况的改变，关键在于深化改革，提升制度创新和技术创新能力，这就需要较长时期的努力。

就从紧的财政收入政策的发展趋势而言，财政收入总量保持增长势头，不仅是必要的而且是可能的。问题的关键在于，财政收入占国民收入的比重是否持续上升，即其增速是否继续明显高于国民收入增长速度？这里有几个问题需要讨论：(1) 长期以来，我国财政收入的增长是在减税背景下实现的，是在不增加税种、不提高税率、不扩大征税范围的前提下，通过经济发展和严格征管实现的，因而不存在是否需要采取新的减税政策的问题，只要延续以往“减税”的做法即可。问题在于，为什么在“减税”的背景下财政收入占 GDP 的比重在持续上升呢？只能解释为财政收入增速显著高于经济增速，这就需要考虑控制财政收入增速了。正是在这个意义上我们才提出，采取新的“减税”举措，其目的是控制财政收入的增速，使之与国民经济增长协调，尤其是不至于长期严重排斥市场力量（企业、居民）收入的增长，特别是避免对实体经济产生持续的“挤出效应”(crowd out effect)。(2) 财政收入占 GDP 的比重持续上升，是否由于国民经济核算过程中 GDP 核算少了，而同时财政收入核算多了？静态地看，比如只从某一年份的比重来看，或许存在当年核算时财政收入多计而 GDP 少计的问题，但动态地看，只要财政收入和 GDP 的核算口径及方式是稳定的、连续的，那么这一问题就不会影响二者的比较结果。观察历年来财政收入占 GDP 比重的变化，若存在上升趋势，那就表明政府财政收入确实比其他方面收入上升得快，即使财政收入的口径及 GDP 的统计存在不准确或不科学之处，但若是始终按同样的口径和方法，其比重的变化也是有统计意义的，也能反映变化趋势。(3) 是否存在“减税”的客观性？即在未来发展中客观上我国财政收入是否在总量扩张的同时增速放缓？应当说是有这种客观性的。一方面，经济增长速度会放缓。据分析，我国经济增长达到中等收入发展中国家水平之后，

预计到 2020 年实现全面小康（经济发展达到上中等收入国家水平），到 2030 年前后实现成为高收入发展中国家的目标，年均增长速度从目前的 8%左右，每隔 10 年左右下降 1 个百分点以上，这是财政收入增速放缓的重要原因之一。另一方面，经济结构的调整，包括区域经济结构调整、产业结构调整等要求财政收入结构调整，客观上也会导致财政收入增速放缓，结构性减税在长期会通过调整国民经济结构提高国民经济质量进而推动财政收入增长，但在短期甚至相当长一段时期里，虽然不至于影响财政收入总量的正常增长，但却会影响其增长速度。此外，国际金融危机冲击会影响财政收入的增长，其直接表现是对进出口环节税收增长的影响。目前我国税收结构中进出口环节税收所占比重显著上升，尤其是进口环节（出口环节中的一些流转税退回给出口企业了）税收收入占比较高，包括增值税、消费税、关税等，近年来占我国税收总量的比重为 16%～18%，特别是占中央财政收入的比重高（因进口环节税多为中央税收），2011 年占中央财政收入的比重为 35%左右。世界金融危机及相应的经济危机对我国进出口特别是进口的冲击，不仅会影响财政收入（尤其是中央财政）的增长速度，而且可能影响其增长量。此外，世界贸易保护主义抬头及由此产生的人民币升值压力增大等因素，虽然可能刺激进口量增长，但也会因汇率的变化减少进口环节的税收，这就进一步加大了进口环节税收变化的不确定性。(4) 是否存在减税的要求？我国目前宏观经济失衡的特点在于既面临通胀压力，又面临经济下行的威胁。传统的需求管理遇到了严重的困难，无论是财政政策还是货币政策，都既难以全面扩张，又难以全面紧缩。事实上，在宏观管理方式上，在进行需求管理的同时实施供给管理已成为必然趋势，尤其是当存在“滞胀”威胁时。“减税”作为供给管理的基本政策，既可通过降低企业成本减轻成本推动的通胀压力，又可通过调动生产者和劳动者的积极性刺激经济增长。通过减税等供给管理措施影响生产者和劳动者的成本及效率，最突出的特点在于可以不通过提升通胀水平实现经济扩

张，这在我国现阶段是十分有必要的。① 当然这里的“减税”主要是指发展动态中财政收入的增速放缓，而不是总量的减少。(5) 是否存在“减税”的可能？财政收入负增长（总量减少）的可能性不大，所谓“减税”的可能，指的也还是财政收入增速放缓，这种可能主要取决于财政收支间的失衡状况以及国民经济对其的承受力。这在短期里是财政收支均衡问题，涉及赤字、债务以及相应的财政风险等，但在长期里，涉及的是政府职能转变及公共财政制度建设问题。就短期而言，我国目前财政收支失衡程度并不高，无论是财政赤字还是政府债务规模及比重都处在较为安全可控的范围之内。从这个意义上说，推出某些“减税”举措，包括税收政策的局部调整和税收制度的某些改革，财政收支在一定程度上是可以承受的。诸如增值税扩围、个人所得税起征点上调、针对中小微企业的税收优惠减免等，都是有可能实施的。但就长期而言，合理控制财政收入在 GDP 中所占的比重，在体制上取决于政府职能的转变和伴随市场化进程实施的公共财政建设。如果市场化不深入，政府职能转变滞后，政府仍然承担着投资、社会保障、基础设施建设、民生服务等大量的社会经济责任和职能，那么市场机制就难以有效地发挥作用，政府与市场的协调就难以实现，财政收入增速快于经济增长进而占 GDP 的比重不断上升的势头便不可能扭转。如果财政体制难以切实转向公共财政，难以切实以提供真正的公共品为主要功能，同时，财政决策难以切实从过度集权的行政决策转为纳税人公共选择的民主、法治决策，财政收入增长速度便难以在制度上与经济增长保持协调。因此，从长期来看，“减税”顺利实施的关键在于市场化改革深入推进的条件下的政府职能转变及相应的公共财政建设，这在短期是难以实现的。总之，我国现阶段经济发展的可持续性和经济增长的均衡目标要求财政收入增长速度与国民经济增长

① 参见刘伟、苏剑：《供给管理与我国现阶段的宏观调控》，载《经济研究》，2007 (2)。

相协调，要求在保证财政收入总量不断扩大的基础上，有效控制其增长速度，进而控制其占 GDP 的比重。

3. 我国现阶段的税负水平及增长速度是否过高?

我国现阶段的税负水平及增长速度是否过高是一个很复杂也极具争议的问题。在这里，我们只讨论两方面的问题：一是如何看待《福布斯》税负痛苦和改革指数所反映的中国的税负状况；二是如何看待名义税负和实际税负。对上述问题的讨论，不仅涉及对我国现阶段税负状况的根本判断，而且涉及今后我国财政收入政策方向的选择。

《福布斯》杂志根据世界主要国家和地区的公司所得税税率、个人所得税税率、富人税率、销售税税率/增值税税率，以及雇员和雇主的社会保障贡献等，每年计算并公布所谓《福布斯》税负痛苦和改革指数（Forbes Miser & Reform Index），2002 年中国位居第三，2004 年第四，2005 年第二，2008 年第五，2009 年又上升至第二。总之，按照《福布斯》杂志的标准，中国属于高税负国家，因而需要对税收体制做出更多改革。《福布斯》税负痛苦和改革指数的计算方法是将一国（或地区）六个税（费）种的法定最高税率简单相加。这六个税（费）种包括公司和个人所得税、雇主和雇员交纳的社会保险金（Employer and Employee Social Security）、销售税、财产税等。例如 2009 年中国的《福布斯》税负痛苦和改革指数为：企业最高所得税税率（25%）+个人最高所得税税率（45%）+雇主交纳的社会保险金最高费率（49%）+雇员交纳的社会保险金最高费率（23%）+增值税最高税率（17%）=159%。显然，用这种方法来评价中国的税负状况是存在问题的。

首先，计算中国的《福布斯》税负痛苦和改革指数时所采用的

数据是存在问题的，指标中的雇主（企业）为员工向社会缴纳的社会保险费占员工工资的比重为 49%，员工自己缴纳的社会保险费占其工资的比重为 23%，但实际情况是，按照我国现行社保制度，由单位负担的社会保险费率（养老保险、失业保险、工伤保险、生育保险和基本医疗保险）大约占员工工资的 30%，员工个人缴纳的部分约相当于工资的 10%。考虑到这种实际情况，在其他条件不变的情况下，中国 2009 年的《福布斯》税负痛苦和改革指数应为 127%，而不是《福布斯》杂志计算的 159%。

其次，这里比较的是最高边际税率，我国最高边际税率在世界上的排名是靠前的，但最高边际税率并不等于总的税负水平。以所得税为例，在《福布斯》杂志公布的数据中，中国个人所得税最高税率为 45%，低于法国（52.1%）、比利时（53.5%）、瑞典（61%）、荷兰（52%）、日本（50%）等发达国家，与加拿大、美国、澳大利亚、德国的水平大体相当。这些所得税最高税率高于中国或与中国大体相近的国家都是发达国家，这些国家不仅人均 GDP 水平显著高于中国，而且收入分配的总体差异一般也小于中国。发达国家的收入分布往往比发展中国家更加均匀。在平均收入以及收入分配差距不突出的条件下，累进税制的差别的确能够说明税负水平的不同，在这些发达国家之间，《福布斯》税负痛苦和改革指数是可比的，但中国现阶段是一个发展中国家，虽然经济总量较大，经济增长速度快，但人均水平仍较低，收入分配的差异也较大，而且还处在继续扩大的过程中，这就不能以最高税率和发达国家进行对比并通过这种对比反映中国总体税负状况。我国达到最高纳税等级的人在纳税人中所占比例很小，适用于低税率的公司和个人占据更大的比例。这种以最高的个人所得税边际税率反映中国总体税负状况的做法就不是十分符合中国的实际。中国现阶段的问题不是最高税率高了，而是需要对低收入人群减税，但如果以最高边际税率来反映税负痛苦程度，那么即使普遍降低低收入群体的税负，《福布斯》税负痛苦和改革指数也不会降低。但在经济发达国家，适用最高税率的人群在全部纳税人中所占的比例比我国要高，因此用最高税率进行比较，能够更准确地反映发达国家的现实，但不能反映我国的现实，以此为根据来比较我国和其他国家的税负状况，就会出现较大的偏差。

再来讨论我国现阶段名义税收和实际税收间的差别问题。从体制和政策变化上看，我国进入 21 世纪以来，的确是在减税，不仅已经采取了一系列减税措施，而且从体制改革的趋势来看，还将可能推出一系列的减税措施。比如，2012 年我国进一步降低能源产品、先进设备和关键零部件等商品的进口关税；对小微企业提高增值税、营业税起征点，减免所得税；进一步取消不合理涉企收费项目；扩大营业税改增值税试点范围；对物流企业给予税收优惠；推进多项税收制度改革；等等。但从总体上看，市场主体特别是实体经济主体并未明显感受到减税，反而强烈地感受到税负在不断增加，并且这种实际税负的增加速度超过了企业的发展速度。在企业发展的基础上税负额度相应增加，应属正常，但事实上在许多情况下，税制、税种都未变，税率甚至有所降低，同时企业发展也未取得进展，或者企业的产出和利润并未增加，但实际缴纳的税费却增加了。由此便产生了一个矛盾，政府特别是中央政府觉得是在不断减税，而企业和居民的税负却在增加。

问题主要发生在两方面：一方面，政府，特别是各级地方政府，在其财政出现困难的情况下，会以各种方式要求企业和居民多上缴非税费用；另一方面，在税制、税种都不变，税率有所下降的条件下，各级税务部门会加强征管。虽然税率水平相对税率下调之前有所下降，但由于政府部门严格按照下调后的税率水平征收（此前虽然税率水平相对较高，但政府相关部门并未真正按制度规定的税率征收，甚至可能对一些企业采取简单的包税，从而形成尽管名义税负水平较高，但实际执行的税负水平并不高的局面），减税后企业和居民实际缴纳的税费比减税之前实际缴纳的税费可能还要多。一个基本事实是，尽管采取了一系列减税措施，但财政收入不

仅迅速增长，而且其占GDP的比重也在持续上升。单纯的量的增长还可以解释为经济增长的拉动，但占GDP比重的上升则表明税负的相对增加，与之对应的企业和居民收入的相对比重下降，尤其是居民收入的比重下降。

那么，到底应如何看待目前我国税负水平的高低呢？横向比较看，无论是与当代发达国家比较，还是与发展中国家比较，我国目前的宏观税负（即税收和社会保险占GDP的比重）并不算高，在世界发展中国家中属中等水平。但纵向比较看，我国近10年来国家财政收入的增长明显加快，远高于按现行价格计算的国民收入增长速度，进而政府所支配的国民收入的比重不断提高。也就是说，不能一般地说我国宏观税负水平过高，甚至像《福布斯》税负痛苦和改革指数所反映的那样名列当代世界前茅，这种判断是不符合中国实际的。宏观税负（含税收和非税收收入），发达国家平均为43.3%（其中社会保险缴款占10.4%），发展中国家平均为35.6%（其中社会保险缴款占6.9%），我国2009年约为30%（其中国有土地使用权出让收入占4.2%，社保基金收入占3.8%）。[①] 但必须承认，现阶段我国财政收入增速快、在国民收入中所占比重持续提高这种趋势需要适当控制。中国处在工业化加速和市场化转轨期，与发达国家的一个重要的不同之处在于，发达国家宏观税负占GDP的比重一般是稳定的，而我国则是迅速提升的，这就特别需要对中国宏观税负的增长速度进行控制。政府收入占GDP的比重持续上升本身意味着在需求结构上对市场力量产生了“挤出效应”，不仅使国民经济中政府、企业、居民三者间的收入分配宏观结构失衡，经济增长的需求动力结构扭曲，进而导致消费需求疲软，市场力量难以充分发挥作用，经济增长不得不持续过多地依靠政府需求，特别是政府投资需求拉动，而且会使市场化进程受阻，尤其是阻碍要素市场化的进展，进而损害资源配置效率，甚至加剧垄断，

① 参见肖捷：《走出宏观税负的误区》，载《中国改革》，2010（10）。

特别是加剧政府本身的垄断。考虑到中国现阶段经济结构中国有经济和国有企业的比重及作用，以及政府与国有企业间的联系，虽然国有企业的收入并非政府收入，但国有企业的主体地位及主导作用在一定程度上与政府收入占GDP的比重持续上升的趋势相互呼应，因而随着中国宏观税负的上升，政府对市场的替代程度会更高。因此，就宏观财政收入政策而言，将宏观财政收入的增长速度从近十几年显著超越经济增长速度的持续高速扩张状态，逐渐调整至与国民经济增长相互协调的水平，逐渐实现政府、企业、居民三者收入增长的均衡是极为必要的。从调整财政收入增速的角度而言，现阶段适度减税是必要的，或者说合理控制财政收入增速是必要的。

控制财政收入增速，使之与国民经济增长相互协调这一意义上的“减税”的重点在于，调整税收负担结构，并在此基础上结合国民经济结构转变的要求，推动结构性减税，而不是简单地降低财政收入的增速。我国税收种类中流转税较多，这是我国税收增速较快的主要原因。我国的流转税包括增值税、营业税、消费税、城建税、车辆购置税、房产契税、烟酒消费税等，就其属性而言都是消费课税。2011年我国消费课税占税收总收入（含社会保险缴费）的比重为50.9%，高于一般发达国家近20个百分点（经合组织国家为31%），表明我国目前税负主要集中在居民消费这一块。同时，我国个人所得税低，2011年占税收总收入的比重为5.7%，大大低于一般发达国家（经合组织国家为25%），说明我国目前税收负担没有落在个人收入上。此外，我国针对普通居民的一般消费课税比重高，占总消费课税的97%（经合组织国家为65%），针对高收入层的特定消费品征税（奢侈品等）比重低，仅占消费课税的3%（经合组织国家为35%），这实际上使低收入居民成为税负的主要承担者。个人所得税占比低，实际上使个税的调节作用减弱，难以通过调节个人收入来提高结构上的公平合理性。[1]

① 参见朱青：《对我国税负问题的思考》，载《财贸经济》，2012（7）。

4. 中央财政与地方财政的结构性失衡

从总体上看，我国中央与地方财政收支格局的特点是，在财政收入上，中央财政占比相对更高些，而在财政支出上，则以地方财政为主导。

先来看中央与地方的财政收入结构。突出的一点是中央财政收入特别是税收收入中，中央占比高于地方。以 2010 年为例，中央财政收入在整个财政收入中占比为 51.1%，地方财政收入占比为 48.9%。2009 年二者这一比重的差距更大些，中央占比为 52.4%，地方占比为 47.6%。自 2000 年以来，在我国财政收入中，中央与地方财政所占比重基本是稳定的，波动均不超过 2 个百分点，且中央财政占比始终高于地方财政占比。在严格意义上的税收收入中（目前占财政收入的比重已近 88%），国税所形成的收入占 55.3%，地税所形成的收入占 44.7%。但在非税收收入项目中，中央与地方相比其占比显著偏低，如非税收收入（20∶80）、专项收入（14.6∶85.4）、行政事业收费（13.2∶86.8）、其他收入（33.2∶66.8）、罚没收入（3∶97），也就是说非税收收入在地方财政收入中起的作用相对更显著。

再来看中央与地方的财政支出结构。进入 21 世纪以来，我国财政支出规模不断扩大，2000—2010 年年均增长 19.1%。从中央和地方财政支出占国家财政支出的比重看，近 10 年来，地方财政支出占比不仅高于中央财政支出占比，而且持续上升，从 2000 年的 65.3%提升至 2010 年的 82.2%，提高了约 17 个百分点，相应地，中央财政支出在国家财政支出中的占比始终保持逐年下降的趋势，甚至没有出现任何反复和波动。

这就形成了一个对照，在财政收入上中央占比始终高于地方，并且这种状态长期保持稳定，而在财政支出上地方占比始终高于中

央，并且这种状态长期里还在不断加剧。以 2010 年为例，中央与地方财政收入之比为 51.1∶48.9，而中央与地方财政支出之比为 17.8∶82.2。观察 2000—2010 年的变化，中央与地方财政收入占比波动均很小，二者之比基本上是稳定的，中央占比一般在 53%左右（波动上下一般不超过 2 个百分点），地方占比一般在 47%左右。二者相差最大的年份是 2002 年，当年，中央财政收入占比为 55%，地方为 45%，相差 10 个百分点。而 2000—2010 年中央与地方财政支出的占比变化很大，中央财政支出占比从 2000 年的 34.7%持续下降至 2010 年的 17.8%，地方财政支出占比则由 65.3%升至 82.2%。这种失衡是我国与世界大多数国家的一个重要不同之处，欧美国家虽也采取分税制，但一般不存在中央大规模的转移支付，地方税收支出基本上依靠地方预算收入平衡，其利在于地方经济发展与地方财政收入和公共品供给相互间联系紧密，能够更充分地体现谁纳税谁受益的原则，有利于调动纳税人的积极性和明确相应的责任。其弊在于政府对缩小地方差距的作用有限，地方间差距缩小主要依靠要素的市场流动实现，缓慢且不稳定，但长期来说效率较高。我国目前中央财政与地方财政收入结构与支出结构间的严重失衡，同样也会带来一系列的矛盾。

首先，在国家总的财政收入占 GDP 的比重持续上升的基础上，中央财政收入的比重长期高于地方财政收入的比重表明，不仅政府在支配国民收入的过程中的作用在增强，而且中央政府的控制力度在加大，这就进一步加强了中央政府对经济干预的垂直性和集中度，进而对社会主义市场经济改革的深化产生影响。但中央对经济的直接干预力度的加大，并不意味着中央宏观调控效率的提升，因为中央财政只是占有了更多的国民收入，而地方财政支出在国家总的财政支出中占较大比重且这一比重仍在不断提升。这种财政支出结构在很大程度上削弱了中央政府财政政策的宏观效率。从某种意义上可以说，这也是一种权利与责任的不对称，财政收入中更大的比例由中央掌握，特别是税收性收入中中央财政占比高，势必影响

地方政府培育相关税源和执行相关税收政策的积极性，而财政支出又主要由地方财政负担，这在增大地方财政压力的同时，也会加大中央财政政策效应的不确定性，并且由于各地方财力及社会经济发展存在差异，因此主要依靠地方财政支出来实现财政支出政策目标的做法所取得的政策效果在不同地方有巨大差异。比如2010年我国教育支出中中央财政支出占比为5.7%，地方财政支出占比为94.3%。各地方发展水平和环境的不同，肯定会严重影响教育发展的均衡性。此外，在社保与就业（中央财政支出与地方财政支出之比为4.9∶95.1)、农林水利事务（中央财政支出与地方财政支出之比为4.8∶95.2)、城乡社会事务（中央财政支出与地方财政支出之比为0.2∶99.8)、医疗卫生（中央财政支出与地方财政支出之比为1.5∶98.5)、环境保护（中央财政支出与地方财政支出之比为2.8∶97.2）等方面都存在类似问题。

其次，这种中央与地方财政收支的结构性失衡，必然形成中央财政转移支付增加的局面。我国三十多个省（市、自治区)，不论社会经济发展状况如何，其一般预算支出均大于其一般预算收入，支出与收入的比值都大于1，也就是说都有中央财政转移支付的正向支持。一方面，从体制和政策要求来说，中央和地方在收入和支出方面的这种结构性失衡可以增强中央政府的财政转移支付能力，加大对落后地区发展的扶持力度，促进区域间社会经济的均衡发展。以2010年为例，我国各省（市、自治区）地方政府的一般预算支出占一般预算收入的比重平均为180%，即地方一般预算支出为一般预算收入的1.8倍，其中西藏最高，为15倍，其他西部省区如青海、甘肃、宁夏、新疆、贵州等的一般预算支出都是其一般预算收入的3倍以上；东部沿海地区的主要省市的一般预算支出大多是其一般预算收入的1.5倍以下，其中北京和上海的一般预算支出相对于其一般预算收入的倍数最低，仅为1.15倍；中部地区及四川、云南、广西等省区，大多在2倍以上。显然，越是落后的地区，中央财政转移支付的力度相对越大，因而其一般预算支出超过

其一般预算收入的幅度也就越大，经济对中央财政转移支付的依赖度相应也越高。另一方面，值得注意的是，即使相对发达的省份，也都存在中央财政的净转移支付。北京、上海的一般预算支出也高于其一般预算收入，说明即使是发达省份，其财政支出上的自主性也受到极大限制。财政收入的大部分首先作为中央财政收入上缴，再由中央财政以转移支付的方式补充地方财政支出。这就在一定程度上限制了地方政府特别是发达省份政府的主动性和积极性，使得各省份普遍不能以自身一般预算收入平衡自身一般预算支出，特别是社会经济相对发达的省份也无法实现自身财政收支平衡。这是否表明体制上中央财政收入的集权程度过高？这里不仅是指中央财政收入占比高，而且更重要的是指在体制上，地方财政支出的实现在很大程度上要依赖中央财政的转移支付，而不是主要基于自身的社会经济发展形成的稳定的一般预算收入。这对地方财政收支的均衡和地方财政的稳定可持续发展都会产生不利影响。

再次，这种中央与地方财政收支结构失衡，在一定程度上会加剧地方政府性债务风险，尤其是在中央财政支出扩张，同时又要求地方财政配套的过程中，地方政府性债务风险会进一步放大。在中央与地方财政收支结构长期不对称的背景下，2008 年中国采取了全面反金融危机的更加积极的财政政策，为缓解地方财政配套资金不足的矛盾，还启动了中央代发地方债和地方政府利用融资平台公司筹措项目资金的融资方式。中央代发地方债，规模不是太大，例如 2010 年中央代发地方债 2 000 亿元，且最终风险和责任事实上也是由中央财政承担，对地方政府而言风险和责任不大，真正构成风险的是地方政府性债务。地方政府性债务是指地方政府、经费补助事业单位、公用事业单位、政府融资平台公司、其他单位等因直接借入、拖欠，或因提供担保、回购等信用支持责任，或因进行公益性项目建设而形成的债务。显然，地方政府性债务不同于地方政府直接举债的地方政府债务。这里所说的地方政府性债务的主体除地方政府外，还包括经费补助事业单位、公用事业单位、地方政府

融资平台公司及其他单位，范围比政府债务更广。[①] 根据审计署的审计结果，我国到“十一五”末（2010年年底）地方政府性债务总额已超过10.7万亿元（这是有凭证可审计的，还有一些没有凭证的）。同时，审计署审计口径中没有包含对社会保障资金缺口等债务的评估。因此，实际地方政府性债务规模比审计署公布的审计结果可能还大些。地方政府性债务的资金来源主要是银行贷款（79.1%），上级财政、政府发债、其他借款等加总只占20%左右，并且其中70%在“十二五”期间到期。据测算，考虑到“十一五”时期形成的地方政府性债务中有7.5万亿元到期，再加上利息支出和借新还旧等因素，2011—2015年会形成总量达12.5万亿元以上的资金需求。再加上社会保障基金隐性负债（包括基本养老保险、失业保险、基本医疗保险、工伤保险、生育保险等，其中养老保险占社保基金支出的70%，且这一比重有上升趋势。而在我国目前的实际支付中，地方政府承担了基本养老保险基金收支缺口的一部分，这部分事实上构成了地方性债务中重要的隐性负债），“十二五”期间的资金需求还会超过这个数值。以上是对“十一五”末地方政府性债务存量的总体介绍。从“十二五”时期的发展来看，据预测，考虑到地方经济增长、工业化及城市化发展等多方面的目标要求，“十二五”期间我国地方政府公共投资总需求估计为29.3万亿～33.9万亿元，而同期，地方政府投资能力（地方政府收入与地方政府消费性支出之差）为22.1万亿～24.6万亿元，具体数字可以再探讨，但缺口是客观存在的。这一缺口的存在无疑又进一步加剧了地方政府收支失衡的矛盾。这一缺口构成了“十二五”期间地方政府新增债务的基本动因。[②] “十二五”期间地方政府性债务规模将继续扩大，偿旧债、举新债的压力都将上升，虽然期间地方政

① 我国目前对“地方政府性债务”还没有形成标准的统计口径，比较权威的统计核算是审计署公布的审计结果。

② 刘尚希等：《“十二五”时期我国地方政府性债务压力测试研究》，载《经济研究参考》，2012（8）。

府性债务规模的增长速度可能逐年下降，且总体负债率仍能控制在警戒线之内，但仍必须予以高度关注。为此，调整中央与地方间的财政关系，深化财政体制改革，中央向地方转移部分财力，建立中央与地方的债务分担机制，逐渐改变中央与地方财政收支结构长期失衡的状况，是极为必要的。

最后，中央与地方收支结构长期严重失衡，一方面，会在体制上进一步强化中央对财政收入的控制权，同时提高中央转移支付的强度；另一方面，会使地方经济发展在更大程度上依赖中央转移支付，甚至模糊地方政府的责任，从而事与愿违，导致转移支付不仅不能有效地缩小地区差距，反而可能扩大地区间竞争力和效率的差异。事实上，由于地区间的发展阶段不同，尽管中央对地方存在普遍的转移支付，尤其是对落后地区的支持力度更大，但不同地区基础不同，地方政府的投资能力、投资需求、扩张速度不同，特别是不同地区政府投资的效率存在显著差异，因而财政收支状况和面临的矛盾不同。越是落后的地区其财政收支矛盾越尖锐，且不说政府消费性支出能力方面的差别，就投资能力和投资效率而言，发达地区也显著高于落后地区，更重要的是在投资需求的增速上，我国在相当长的时期中，地方经济增长速度（地区 GDP 增速）及相应的当地居民储蓄增长速度，与当地固定资产形成的增长速度高度不相关，而一般在经济快速发展时期，它们之间应当是高度正相关的。造成我国这种情况的主要原因有两方面：一方面是垄断性的垂直管理的金融和银行体系割断了当地居民储蓄与当地固定资产形成之间的体制联系，垂直的银行体系与地方经济之间缺乏充分的市场性融合；另一方面是地方固定资产投资支出的形成在既难以获得银行金融市场的支持，又难以获得地方财政的政策保障的条件下，相当大的程度上依靠招商引资，即超越当地财力的限制，通过层层招商引资推动当地的发展。但近年来，伴随经济发展和市场化的深入，一种新的情况开始发生，即经济发展水平（不是指经济增长速度，而是指人均 GDP 和 GDP 总量达到的绝对水平）与固定资产形成增长

速度之间开始呈现负相关关系，其主要原因在于，经济发达地区伴随增长基数效应的增强，增速开始放缓，且经济水平越高，增长速度越趋缓，相应地，固定资产增长速度也开始放缓。同时，相对落后地区增长的梯度效应逐渐显现，经济发展水平相对低的区域，经济增长速度和固定资产形成的增长速度相对更高。当然，这也与发达地区成本相对更高，局部地区甚至开始出现资本“过密”有关。近年来，我国固定资产增长率排序中，欠发达的中西部地区领先，东部沿海省市相对落后，上海甚至列最末位。这表明，相对发达地区的地方投资需求增长与地方投资能力增长（地方政府收入能力－地方政府消费性支出需求）间的矛盾在缓解。即使各地方政府支出大于其收入，即使中央对落后地区的转移支付力度相对更大，落后地区的地方财政收支矛盾也仍然有相当大的可能性会比发达省份更严重。因为中央财政转移支付的总体力量是有限的，同时又必须考虑其效率要求，所以问题的关键还是在于地方政府自身的一般财政收入与一般支出间的均衡。在同样的中央与地方财政收支失衡条件下，发达省份实现地方收支均衡的能力显然高于落后地区，因而这种普遍的收支失衡的结构在长期里很可能扩大地区间差距。

八 产业结构升级与经济新常态

一个国家的现代化通常是通过工业化带动的。在工业化进程中，大量现代科学技术以及体现这种技术进步的现代装备应用于生产领域尤其是制造业中，导致劳动生产率及整个生产效率得到全面和迅速的提升，带动了整个经济的迅速现代化。而随着一个国家工业化进程的推进，产业结构也在不断升级。从工业化的阶段和三次产业增长的关系看，如果一个国家的工业化进程是连续的，那么可以把它分成三个大的时期，即工业化前期、中期和后期。不同时期各大产业的增长具有不同的特征。在工业化前期，工业开始加速增长，工业以及整个第二产业的增长明显快于第一和第三产业；在工业化中期，第二产业的增长仍然保持领先，但是第二产业的增长要求第三产业更多的支持，如建筑业（属于第二产业）必须在房地产业（属于第三产业）的支持下才能得到更好的发展，这时候第三产业的增长

也会加快，和第二产业之间在增长率上的差别将会明显缩小；而在工业化后期，由于专业化分工的进一步发展和最终消费对服务需求的提升，第三产业的发展将会超过第二产业，成为国民经济的主导部门，第二产业的增长将会放缓，但仍然会保持较快的增长。不同产业的增长率的变化将导致国民经济的产业结构发生变化，因此产业结构的高度及其变化实际上说明了工业化进程所处的阶段。从长期发展上看，中国的工业化也经历了一般市场经济国家工业化所经历的过程，但中国的工业化又有其特殊性，它是伴随着由计划经济向市场经济转轨这一市场化改革所发生的，产业结构的形成和产品定价也经历了由行政指令向市场导向的变化，因而产业结构变化也有一些自身的特点。从产业结构的长期演进看，从新中国成立甚至更早一直到改革开放初期，属于中国工业化前期。在这一时期，中国逐渐建立了自己的工业体系，但工业发展水平仍然很低，与世界先进水平存在很大的差距。从改革开放到21世纪的前10年，属于中国工业化的中期。在这一时期，中国通过市场化改革加速工业化进程，并在此基础上实现了长达三十多年的高速经济增长，超越世界各国成为全球最大的制造业中心。但是从产业结构以及在这个基础上形成的就业结构和最终需求结构上看，中国仍然处于由发展中国家向新兴工业化国家迈进的阶段，产业结构与工业化国家之间还存在较大的差距。在2010年前后，中国逐渐步入了工业化后期。进入这一新的经济发展阶段后，中国的工业和整个第二产业仍然在发展，但由于专业化分工的发展和最终需求的升级，第三产业开始成为增长最快的生产部门，代替第二产业成为国民经济中的主导部门。由于第二产业的增长率在这一阶段开始放缓，整个国民经济的潜在和长期增长率将有所回落。与此同时，我国产业结构的升级会进一步加快，并带动就业结构迅速升级，最终形成与发达国家相近的产业结构（第三产业在国民经济中所占比重达60%以上，第二产业比重在30%左右，第一产业比重在5%左右），这就标志着中国完成了基本的工业化。按照中国实现工业化目标的总体规划，预

计到 2020 年前后在实现全面小康目标的同时基本实现工业化。[①] 在此之后，中国将会进入后工业化阶段，经济增长还会进一步放缓。因此，在当前的新常态下，经济由高速增长向中高速增长转变，是我国工业化发展到一定阶段、产业结构提升到一定高度的结果，有其历史的必然性。产业结构的加速升级是我国经济增长的新趋势，也是进入新常态的重要影响因素，应根据这一发展调整和改善我们的宏观调控和管理。

1. 中国的工业化进程及产业结构升级的阶段性特征

(1) 改革开放以前中国的工业化进程

从新中国成立甚至更早一直到改革开放初期，是我国的工业化前期。虽然很早以前，中国已经开始发展工业（如晚清的洋务运动和民国初期的实业救国），但直到新中国成立，国家始终处于内忧外患之中，工业化并没有得到真正的推进。新中国成立后，中国开始了大规模的工业建设。20 世纪 50 年代的第一个五年计划期间，在苏联的支持下中国建设了 156 项重点工程，为新中国的工业化奠定了一个新的起点。之后又用二十多年的时间，逐步建立和发展起了独立自主的工业和国民经济体系，初步改变了中国的落后面貌。至改革开放之前，中国已经建立了自己的能源基地、钢铁基地等一系列大型工业基础，能够自己生产汽车、火车、轮船、飞机，造出了“两弹一星”，进步是巨大的。我国目前的大型国有或国有控股

① 参见中国共产党第十七、十八次党代会决议。

工业企业，大多是由那时的企业发展而来的，至今仍然在资产、主营业务等方面占据半壁江山（2013 年国有及国有控股企业在企业单位数中所占的比重为 8.5%，在资产总额中所占的比重为 66.2%，在主营业务收入中所占的比重为 43.9%，而在利润总额中所占的比重为 42.1%）。这一时期的工业化为改革开放后的新一轮工业化和高速经济增长奠定了发展基础。

在这一时期，由于内部和外部的原因，我们的工业发展走的是“独立自主”的路线，没有加入全球分工与合作体系，基本上处于自我封闭的经济状态，当然也就不能与世界各国分享科技和经济发展的成果，工业化进程实际上是在低水平上推进的。虽然规模上得到了很大的扩张，但技术装备水平和工业产品的制造长期停留在苏联援建时甚至是新中国成立前的水平。虽然不能说没有技术进步，但是在一般技术水平上与西方发达国家之间的差距在扩大。中国那时的工业化，在很多情况下是以牺牲农业和第三产业的发展为代价的。农业部门在交纳农业税支持工业发展的同时，还要通过“工农业产品剪刀差”来支持工业部门的积累；而在第三产业的发展上，无论是属于现代服务业的金融、通信、交通运输等服务业，还是属于传统服务业的批发和零售业、居民服务业，和工业部门的发展相比都存在严重的滞后。一方面，国家在计划安排上对服务业的投入严重不足；另一方面，对居民和社会提供的服务，很多都是以福利分配的方式实现的，无法在统计上得到反映，同时也调动不了有关服务部门的发展积极性。这样，在供给领域，生产活动就不能得到足够的生产性服务的支持，而在最终需求领域，服务消费就增长缓慢。更重要的是，计划经济体制从根本上限制了与市场机制相关的服务业成长的可能。由于工业发展在供给和需求两端缺乏服务业的支持和拉动，因此工业本身的发展也受到了影响。

从统计数字上看，1978 年我国第一、第二和第三产业增加值占 GDP 的比重分别为 28.2%、47.9%和 23.9%，看起来第二产业增加值所占的比重已经很高，工业化进程已经推进到相当高的阶

段，但在事实上，第二产业的这种“占比较高”的结果是受到两方面因素的影响形成的：一是过度强调“工业为主导”，工业发展和其他方面已经脱节，国民经济的比例关系实际上已经严重失调，20世纪90年代大批国有企业倒闭，实际上就是这种失调的最终结果；二是在“工农业产品剪刀差”和大量服务活动非市场化的制度安排下，第一和第三产业的规模实际上是被低估的，产业结构高度存在“虚高”。[①]

(2) 改革开放后中国的工业化进程及产业结构变化

改革开放初期到2010年前后，属于我国工业化的中期。之所以说它是中期，是因为从这一时期开始，中国对内实行经济体制改革，通过各种改革尤其是后来的市场化改革，极大地提高了中国工业和整个经济的增长效率，对外则高度重视对外开放，使中国重新融入全球经济体系，使中国和世界各国在装备水平、技术水平及经济管理水平方面的差距明显缩小，从而实现了工业化的加速和经济的高速增长。再具体细分，可以根据中国产业发展和结构变化的特点，把20世纪80年代前后称为调整期（属于工业化中前期），把90年代前后称为转折期（属于工业化中中期），而把进入21世纪后的前10年称为快速发展期（属于工业化中后期）。在实际经济活动中，工业化的进程是逐步推进的，很难找到严格的时点界限，但我们可以通过这种大致的划分发现各个不同时期和不同发展阶段我国产业结构变化的特点。

在长达三十多年的市场化改革和高速经济增长之后，改革开放初期那种产业结构扭曲和数据失真的现象已经得到了显著的改善。首先，在经济体制上，社会主义市场经济体制逐渐建

① 参见刘伟、张辉：《我国经济增长中的产业结构问题》，载《中国高校社会科学》，2013（4）。

立和发展了起来，95%以上的商品和服务已经由市场定价，过去很多以福利分配形式提供的居民和社会服务也进入了市场，而根据这些价格计算的经济总量和各个部门、行业的规模，已经能够比较客观地反映现实的供需关系。其次，在经济增长中，虽然也存在各种各样的经济结构失衡，但在市场的约束下经济失衡的程度是不断下降的，工业化中前期和中中期由价格体制改革和经济过热所导致的那种严重的通货膨胀以及经济动荡已经不再出现，经济运行相对平稳，因此得到的经济总量和部门、行业数据基本上反映了所处的发展时期或阶段的经济发展水平和结构。最后，我国的国民经济核算尤其是GDP核算在近些年来已经取得了很大的进展，2004年以来，国家已经连续进行了三次大规模的全国经济普查，并根据普查得到的数据对快报数据以及时间序列进行了修订，统计数据的准确性在不断提高。因此，根据新的统计数据所反映的结构关系来判断我国工业化所处的阶段也就更为客观。

改革开放之后，中国开始了新一轮现代化和工业化。工业仍然是经济增长的重点，但我们已经不是简单地通过加大对工业的投入力度来实现经济增长，而是通过计划经济向市场经济的转轨，更多地采用市场的手段来刺激经济，更多地利用市场手段来配置资源，实现和保持高速经济增长。在新的条件下，我国的工业或第二产业不再脱离其他产业单独发展，而是与其他产业形成了互相促进的关系。首先，在改革开放后，我国对农村的经济体制进行了深刻的改革，调整了农产品的价格，全面地促进了农业发展。然后又在这个基础上，使第二产业和第三产业的发展实现良性互动，这才真正推动了我国的工业化和现代化进程。在改革开放后三十多年的工业化进程中，从实物量上看，以工业为主的第二产业的增长略快于第三产业（1978—2013年，工业增加值年均增长率为11.24%，第二产业为11.20%，第三产业为10.73%），但从价值量上看则相反，第三产业增加值占GDP的比重由1978年的23.9%提高到2013年的

46.9%，提高了23个百分点，而第二产业增加值占GDP的比重则由47.9%下降为43.7%。这是因为，在迅速工业化的过程中，尤其是在工业化的中前期，一方面，工业部门尤其是制造业部门具有较高的劳动生产率和平均利润率，吸引着大量资源（尤其是资本和现代科技）流入这一部门，新产品、新技术和新应用不断出现，使一部分企业获得了超额利润，并吸引着更多的企业加入相关的生产行列，带动了相应产品和企业的迅速发展；另一方面，随着其他企业的迅速加入，个别产品和企业短期的超额利润被迅速稀释，产品价格会相对甚至绝对率下降，导致平均利润率下降。在产出迅速增加而竞争又较为充分时，无论是成本推动的通胀压力还是需求拉动的通胀压力，都要明显小于第三产业以及第一产业。从按现行价格计算的增长率看，第二产业这种价格上的低增长甚至负增长抵消了按固定价格计算的较高增长，使得其所占的比重和第三产业相比，反而是下降的。至于第一产业，虽然其产品价格的上涨幅度更大，但由于其增长率大大低于第二和第三产业，因此从20世纪80年代中期开始，它的比重就是不断下降的，这是工业化进程中出现的必然结果。

表8—1列出的是这三个时期三次产业增长率和占比的变化。从长期增长看，这一时期的经济增长率是10.06%，是中国经济高速增长的时期。而在不同的阶段中，增长率有所不同，1980—1990年是9.28%，1990—2000年是10.43%，21世纪的前10年是10.48%，每一个阶段都比上一个阶段快，可以说是加速的经济增长。

表8—1　　1980—2010年中国三次产业增长率和占比的变化　　（%）

	GDP	第一产业	第二产业	第三产业
1980年占比	100	30.2	48.2	21.6
年均增长率（1980—1990年）	9.28	6.19	9.49	12.22

续前表

	GDP	第一产业	第二产业	第三产业
1990 年占比	100	27.1	41.3	31.5
年均增长率（1990—2000 年）	10.43	3.81	13.53	10.20
2000 年占比	100	15.1	45.9	39.0
年均增长率（2000—2010 年）	10.48	4.22	11.45	11.21
2010 年占比	100	10.1	46.7	43.2
年均增长率（1980—2010 年）	10.06	4.74	11.48	11.21

资料来源：根据《中国统计年鉴 2014》中有关数据整理而得。

在不同的阶段，三次产业的增长及其结构变化各有特点。

在第一个阶段，改革开放前的“虚高度”得到了修正，所以这一时期第二产业的增长率是这三个阶段中较低的，与之相对应的是，第一产业和第三产业的增长率则是这三个阶段中较高的。这一阶段的实践其实就已经表明，工业化进程的推动不一定只能靠第二产业本身的发展，协调的产业部门关系有时反而能够更好地推动第二产业和整个经济的增长。在这一阶段，农业增加值的占比下降了约 3 个百分点，第二产业增加值的占比下降了约 7 个百分点，而第三产业增加值的占比上升了约 10 个百分点！这是改革开放后我国第三产业结构变化最大的阶段。当然，这一变化除了与经济增长有关外，还有价格调整在起作用。这一阶段我国进行了价格体制改革的探索，通货膨胀率较高（尤其是在 1984—1988 年这一期间，有的年份通货膨胀率甚至达到了两位数的水平），形成这种通胀固然有经济过热的原因，但同时也有价格改革（即在价格总水平上涨的同时，调节各种商品和服务间的比价关系）方面的原因。通过这一时期的改革，我国价格扭曲的现象也有了一定的改善。应该说，通过各产业增长率的变化和调整，我国产业结构的“虚高度”矛盾有了明显的缓解，国民经济三次产业的比例关系更为合理。在工业部

门内部，耐用消费品部门得到了很大的发展，而军工等过去投入过多的部门得到了调整，内部结构也更加合理。

在第二个阶段，第二产业在新的基础上又重新获得了快速发展。1990—2000年，第二产业的年均增长率提高到13.53%，比上一个阶段提高了4个百分点左右，而第一产业和第三产业的年均增长率都回落了2个百分点左右。第一产业的增长开始进入平稳期，而第二产业的增长率则重新超过第三产业。在这一阶段，第一产业增加值的比重大幅下降，降低了12.1个百分点，而第二产业增加值的比重重新上升，提高了4.6个百分点，第三产业增加值的比重继续提升，上升了7.5个百分点。同样，由于价格方面的原因，虽然第二产业的增长率高于第三产业，但其比重上升的幅度反而低于第三产业。在这一阶段，中国经济高速增长的动力主要来自于区域间的非均衡增长，沿海开放城市（上一个阶段实行对外开放并获得超常发展的只有几个经济特区）获得了超常的发展，“先富起来”，在为当地经济增长作出了贡献的同时，也有力地带动了中国经济增长。而从动态上看，这一时期的经济增长率属于前高后低，1992—1994年经济增长率为14%左右，而1998—2000年则在8%左右，波动很大。也就在这一阶段，中国开始了以建立社会主义市场经济体系为目标的深入的经济体制改革。以国有企业改革和民营企业发展为特征的现代企业制度的建立以及整个社会主义市场经济的建立和发展，虽然使我们经历了阵痛，但根本改变了计划经济下供给和需求扭曲的现象。企业的生产和经营活动由整个计划经济体制的一个活动环节，变成了面向市场的经济行为。因此，把这一时期定位为发展期是合适的，它是社会主义市场经济体制尤其是这一体系中的现代企业制度全面建立和发展的时期，同时又是我们在市场经济基础上实现工业化加速的起步时期。如果说在上一个阶段中，我国的产业结构的调整还是通过更加合理地安排国民经济计划来实现的，那么在这一个时期尤其是后期，市场已经开始成为配置资源的力量。

在第三个阶段，我国经历了实现现代化之前的再一次工业化加速。在这一阶段，我国进入工业化进程的中后期。[①] 2003 年，在经过市场化改革、周期性调整以及宏观经济政策刺激后，第二产业的增长率重新突破 10%，我国进入了新一轮的工业化加速期，发展势头之猛，持续时间之长，都是改革开放以来少见的。这一阶段第二产业的增长率不断提高，2007 年达到了 15%。在金融危机的冲击下，2008 年和 2009 年虽然有所回落，但仍然达到了 10%左右，2010 年又重新上升为 12.3%。这一阶段第二产业的年均增长率为 11.45%，虽然比上一个阶段有所回落，但仍然高于第三产业(11.21%)。高速的经济增长必然伴随着通货膨胀的压力，但是从总体上看，这一阶段的通货膨胀仍然在可控制的范围内，没有对宏观经济和人民生活造成严重的冲击。工业和整个第二产业在这一时期的空前发展，使中国成为全球新的和最大的制造业中心，中国第二产业的生产规模超越世界上其他全部国家成为世界第一。在这个阶段，第二产业和第三产业的相互关系出现了一些变化，两大产业之间的依赖关系在增强，增长率非常接近。这和前两个阶段有明显的不同。从三次产业的比重关系上看，第一产业增加值占 GDP 的比重在下降，而第二和第三产业在上升。从具体数值上看，在年均增长率相近的情况下，第二产业的比重仅上升了 0.8 个百分点，第三产业则上升了 4.2 个百分点，说明第二产业产品的相对价格水平在下降，而第三产业在上升，但第二产业仍然是占比最大的产业部门。

从供需关系上看，这种增长率和占比的反向变化反映了第三产业的相对需求大于第二产业，而第二产业的相对供给大于第三产业。这也就解释了为什么在经过高速增长后进入调整阶段时，第二产业的产能过剩会明显比第三产业严重。在高速增长过程中，由价

① 参见刘伟、张辉：《中国产业结构高度与工业化进程和地区差异的考察》，载《经济学动态》，2008 (11)。

格信号反映的供求关系事实上已经要求第二产业放慢增长，以实现整个国民经济的均衡发展，但实际情况却是工业领域的投资还在不断加大。2008 年全球金融危机爆发前后，中国的工业发展本来应该进行调整，2007 年和 2008 年在通货膨胀的压力下，政府已经开始进行宏观紧缩，如 2008 年年初提出了“双防”（一防经济过热，二防通货膨胀）的目标，但是全球金融危机爆发后，为避免经济增长受到严重的冲击，我们对经济采取了强刺激政策，强刺激的主要内容是扩大投资，而投资主要是依赖第二产业（工业和建筑业）提供产品，由此导致第二产业的发展再次提速。2009 年、2010 年、2011 年，我国第二产业增长率分别为 9.9%、12.3%和 10.3%，而第三产业的增长率则分别是 9.6%、9.8%和 9.4%，第二产业的增长率分别比第三产业高 0.3 个、2.5 个和 0.9 个百分点，这样，在遏制住经济增长率下降的同时，我们的产业结构实际上是在恶化。这是我们在特殊条件下做出的一种两难选择，其实是把短期矛盾转化成了长期矛盾。我国的煤炭、电力、钢铁、水泥等重要生产资料的产能在当时其实已经过剩，但我们还在加大这些领域的投资，形成了更多的生产能力。2011 年前后，国家“择机退出”宏观调控政策，让市场在资源配置方面发挥主导甚至是决定性的作用，于是这种产能过剩的矛盾开始凸显出来，第二产业的增长率出现回落，2012 年、2013 年、2014 年，第二产业的增长率分别为 7.9%、7.8%和 7.3%，分别比第三产业低 0.2 个、0.5 个和 0.8 个百分点，各年的差距是不断扩大的。第二产业增长率的这种回落，既是对前一时期（工业化进程中后期）工业领域过度投资和增长的纠正，又反映了在新的时期（工业化进程后期）对工业及整个第二产业的潜在需求的减少。从总体来看，第三个阶段整个国民经济以及三次产业的增长率与 30 年来的年均增长率最为接近，而且增长的波动较小。虽然在后期出现了产能过剩和经济失衡，许多工业企业在经营中遇到了困难，但相比较而言，这是我国经济增长和发展的最好时期。随着经济发展水平的不断提高，我国开始进入工

业化后期。

2. 亚洲金融危机和全球金融危机后的经济调整存在哪些差别?

在2010年前后，一些关键性经济指标的变化反映出，经过改革开放后的长期经济增长和经济发展之后，中国经济上了一个新的台阶。从贸易总量上看，中国先后超过德国（2009）和美国（2013），在货物出口总额和货物进出口总额方面成为世界第一，占世界贸易总额的比重达到10%以上；从经济总量上看，中国的GDP超过日本（2010），成为仅次于美国的世界第二大经济体，2013年中国GDP占全球GDP的比重已经达到了12.2%；从经济发展水平上看，2010年中国的人均GNI跨越了世界银行下中等收入和上中等收入国家的分界线，中国进入了上中等收入国家的行列。虽然近三年来（2012—2014年）中国的GDP增长率有所回落，由高速增长转入中高速增长，但由于中国现在的基数已经很大，每增长1个百分点所带来的增量很大，因此在世界经济中的地位还在不断提高。2010年中国的GDP刚刚超过日本，但是到了2013年，由于两国经济增长速度上的差距，再加上汇率的变化，中国的GDP已经是日本的近两倍。从这些国际比较的结果看，经过改革开放和高速经济增长，中国无论在工业化道路还是现代化道路上取得的成就都是巨大的。我们所处的发展阶段和过去已经完全不同，在产业发展上所走的道路也会和过去有很大的不同。

2013年，我国第三产业增加值占GDP的比重（46.9%）首次超过了第二产业（43.7%），成为国民经济中最大的产业部门。在增长率上，第三产业也开始超过第二产业，成为带动经济增长和实现充分就业的主要力量。这种标志性的变化实际上表明中国已经进

入了工业化的后期。[①] 根据国家统计局最新公布的统计数据，2014年我国的GDP增长率为7.4%，第一、第二和第三产业增加值的增长率分别为4.1%、7.3%和8.1%，第三产业仍然是对经济增长贡献最大的产业部门。三次产业增加值占GDP的比重分别为9.2%、42.6%和48.2%，产业结构又得到进一步提升。必须看到，由于中国已经进入了新的发展阶段，因此实现经济增长的路径也会和过去不同。1997年亚洲金融危机之后，我们通过市场化改革和实施积极的宏观经济政策，使经济结构得到了调整和优化，推动我国开启了新一轮以工业加速发展为特征的经济增长，但是现在这种情况已经不可能重新出现。虽然我国目前在前期经济增长和投资过热等影响因素方面与亚洲金融危机前后存在共同点，但体制背景、国内最终需求等都发生了很大的变化。

第一，体制背景已经发生了很大的变化。亚洲金融危机前后正是我国建立和发展以股份制为核心的现代企业制度的关键时期，而工业领域正是改革的重点。在改革过程中，第三产业的很多国有大企业都保留了下来，如金融、航空、铁路、公路、通信等领域的企业，有些还通过股份制改革、上市得到了更大的发展，但大批国有工业企业则因经营管理落后和产品脱离市场而无法继续生存和发展，被迫关停并转。这并不是说这些行业不需要发展了，而是那些企业已经无法适应新形势的要求，我们必须培育新的企业群体（如经过改造的国有企业、民营企业、三资企业等），使其在未来的工业化过程中担负主要角色。这种改革、调整和重新发展需要有一个过程，这就导致了以工业为主的第二产业经历了一个先增长后回落然后再重新加速增长的过程。但现在的情况是，经过20世纪与21世纪之交的市场化改革，新的企业制度已经在我国逐步建立和发展起来，虽然仍然存在各级政府对经济增长甚至是企业活动的干预，

① 黄群慧等人也持这一观点。参见黄群慧．中国经济已进入工业化后期　面临三大挑战．见 finance.chinanews.com/cj/2014/12－28/6918153.shtml。

存在国有大型企业在一些领域的垄断，但是从总体上看，政府和企业间的直接行政关系已经发生深刻改变，以公有制为主体、多种经济成分（民营经济、外资经济、股份经济以及个体经济）共存的市场体系已经建立了起来。国有经济无论是在企业数量上还是在产出和资产的规模上，在国民经济中所占的比重都已经比以前有明显的降低，整个市场的竞争是相对充分的。根据第三次经济普查的结果，在第二、第三产业中，国有企业数量占全部企业法人单位数的比重仅为1.37%。在工业部门中，虽然国有和国有控股企业在政策上仍然能得到更多的支持（如银行贷款方面的支持等），但从总体上看，企业的生存和发展主要是依靠自身的努力。在这种情况下，虽然过度的行政干预以及企业生产活动的盲目性有可能导致一部分行业和企业偏离市场需求而过度发展，从而导致产业结构的失衡，但这种失衡是在市场制度下发生的，风险和亏损要由企业自身来承担，它的扩大会受到企业风险意识的制约，对民营企业来说尤其是如此。这也是现阶段产业结构的失衡尤其是工业部门的产能过剩确实导致了一部分企业和行业经营困难，但没有也不可能像20世纪90年代末那样导致大面积的企业倒闭和破产的基本原因。在深化体制改革和实施新的宏观调控的过程中，政府“择机退出”和鼓励市场成为配置资源的决定性力量，可能会对一些企业尤其是前一阶段扩张幅度太大而风险控制又不够的企业，在融资、规范经营等方面造成一定的压力，也可能会有一些企业无法继续生存而倒闭，但这种动荡将远小于20世纪90年代末。整个国民经济对于这种动荡的承受力也在提升，宏观层面的失业率并未大幅攀升，微观层面企业亏损占主营收入的比重反而比前期高速增长时有所下降。[①] 在经济调整之后，工业部门的增长率有可能出现一定幅度的回升，但最终的发展还是要取决于市场的需求。

---

① 参见刘伟：《我国经济增长及失衡的新变化和新特征》，载《经济学动态》，2014 (3)。

第二，从国内最终需求看，对工业产品的需求的增长率已经开始出现递减。改革开放后，我国的工业化首先是由消费升级拉动的，从传统的“老三件”（手表、缝纫机和自行车）到“新三件”（电视、冰箱和洗衣机），之后，又经历了电脑、空调、移动电话等的发展和普及。到了亚洲金融危机前后，这些耐用消费品的生产已经达到了相当规模，在激烈的市场竞争中已经开始出现一定程度的产能过剩。当时我们面临的情况是：一方面，旧的经济增长点的作用已经减弱；另一方面，新的经济增长点还没有培育起来，这就形成了一个暂时的调整时期。虽然短期来看存在严重的相对产能过剩，但从工业化进程看，与先进国家耐用消费品的发展水平和规模相比，我们最多只能说是进行到了一半，即处于工业化进程的中期。从消费水平看，由于收入和体制方面的原因，私人轿车和居民住宅方面的有支付能力的需求还没有培育起来；而从规模上看，只有一部分人先富了起来，耐用消费品的普及其实还有很大的潜力。因此，我们的工业发展仍然有巨大的空间，仍然具备高速增长（10%以上）的条件。但是现在的情况已经有很大不同，从20世纪末开始，随着居民家庭收入的提高和住宅商品化的改革，我国迎来了改革开放后的第三轮消费升级，即私人轿车的普及和居住消费的激增。[①] 以这一次升级为重要经济增长点的新一轮工业化加速，如果从亚洲金融危机爆发后我国的经济调整和市场化改革算起的话，现在已经经历了十多年。而从增长上看，这两个领域的发展已经从爆发式的增长转为比较平缓的正常增长。虽然关于这两个领域的价格总水平的变化和增长前景现在仍然存在很多争论（尤其是关于房地产领域发展前景的争论），但无论是实际增长还是供给短缺所造成的价格上涨，现在都已明显趋缓，有些产品的价格甚至在下降（如私人轿车的价格）。如果说，过去我们和发达国家、新兴工业化

① 在国民经济核算中，居民家庭购买住宅属于投资行为，但居民使用住宅的活动则属于消费活动。

国家之间的差别明显体现为消费层次上的差别（如在改革开放前欧美国家的私人汽车已经普及，但我们仍然停留在“老三件”上），那么到了现在，这种消费层次上的差别已经很小。耐用消费品的增长主要是靠每一类消费品的消费群体的扩大而不是靠消费升级，耐用消费品厂商之间的竞争日益激烈，这必然导致工业以及整个第三产业的增速放缓，并由此导致为这些产品提供支持的基础工业部门（如能源、钢铁、材料、建材等）的生产和投资活动的放缓。

第三，出口已经从高速增长转为常规增长。亚洲金融危机前后，我国的出口受到了很大的冲击，为了维护周边国家和地区的利益，又承诺人民币不贬值，外向型经济受到了进一步的影响。但是，当时我们发展外向型产业的长期比较优势仍然是存在的，中国在国际市场上所占的份额仍然很低，这些国家的经济波动对中国产品能否进入它们的市场影响有限，关键在于我国能不能在国际市场上，尤其是在欧美市场上提供更有竞争力的产品来替代同类产品。在这一方面我们是有比较优势的，当这些国家的经济下滑时，居民家庭收入减少，可能会更多地选择物美价廉的中国商品，而经济繁荣时，则可能因为收入改善而增加对中国商品的消费。加入世贸组织以后，中国出口商品在国际上所受到的政策性歧视大为减少，再加上中国商品的竞争优势，中国外向型经济的发展经历了一个前所未有的黄金时期。2003 年以后，中国连续多年的出口增长率都在30％以上，迅速成为新的全球制造业中心，不仅对世界经济格局产生了重要的影响，而且极大地拉动了国内第二产业和整个经济的增长。按照世贸组织公布的数据，2009 年，中国的出口货物总额超过德国位居世界第一；2013 年，进出口货物总额（4.16 万亿美元）超过美国（3.91 万亿美元）位居世界第一，占世界货物贸易总额的比重由 2003 年的 5.5％上升到 2013 年的 11％，翻了一番。

然而，我们在为过去的发展自豪的同时，对未来的前景也不能过分乐观。在历史上，由于贸易保护主义的盛行和列强对市场的瓜分，很少有国家的产品的市场占有率能达到这么高，国际市场对中

国商品的需求，可以说已经接近饱和。在外向型经济发展到这种规模时，对外而言，出口的继续增长将受到国际市场容量的限制，世界各国经济环境和政策的变化也都会影响到出口的增长；对内而言，在迅速扩张的过程中，我们发展外向型经济的一些比较优势正在逐步减弱（如劳动力成本、土地的使用费用、能源和资源的价格等），而新的优势（出口产品国内产业链的延长、技术创新、装备出口、对外直接投资等）还在培育，这必然导致了我国未来一段时间内出口商品的年均增长率下降。出口对于中国制造业和整个第二产业的发展还将不断作出贡献，但贡献程度已经不会那么大，而且从贡献的途径看，主要是通过提高出口产品中增加值所占的比例，而不是简单的数量扩张。

第四，从工业化进程看，随着我国进入工业化后期，经济发展的阶段性也决定了我国第二产业的增长将相对放缓而第三产业的增长将相对加快。这种变化，是伴随着一个国家工业化进程的不断推进而发生的。从规模上看，2010 年中国按汇率计算[①]的第二产业增加值就已经与美国接近，而制造业的规模则比美国大 10%以上，但 GDP 总额只相当于美国的 40%左右（见表 8—2）。2013 年，美国的 GDP 比 2010 年增加了 2.2 万亿美元左右，达到了 16.8 万亿美元，而中国则达到了 9.2 万亿美元，约相当于美国的 55%，提高了约 15 个百分点。中国第二产业增加值现在已经达到 4 万亿美元以上，超出美国的幅度已经达到 30%以上，高于世界上大部分国家的 GDP。从总的经济规模上看，中国与美国之间的差距，不在于工业发展落后（农业的规模也超过了美国），而在于第三产业还没有发展起来。2010 年中国的第三产业增加值占 GDP 的比重仅为美国的 20%左右，这是中国三次产业的合计数（即 GDP）低于美国的主要原因。从动态比较上看，从改革开放后到现在，中国第二产业增加值的比重基本上没有低于过 40%，但是在以工业立国

① 世界银行进行国际比较时所使用的三年平均汇率。

的日本，1955 年时第二产业的比重仅有 33.7%，在经过以工业化为特征的经济高速增长后，到 1970 年，第二产业的比重才达到 43.1%，然后就开始下调，2010 年时的比重已经下降到 25.2%。[①] 第二产业在国民经济中的比重在经济高速增长后逐渐下降，是日本完成工业化的重要标志。我国现在的制造业和整个第二产业的发展，和日本 40 年前的类似之处在于，经过多年的高速增长成为全球新的制造业中心后，外部需求增长开始趋缓；不同之处在于，中国潜在的巨大内需还可能在一个较长的时期内拉动经济以较快的速度增长。这就决定了我国现阶段第二产业增长率的回落反映的不仅仅是周期性的波动，还有一种发展趋势，即随着我国工业化进程进入后期，第二产业将由高速增长转为中高速增长，但不会出现停滞。

表 8—2　　中国与美国 2010 年三次产业增加值规模与结构的比较

	增加值（万亿美元）		构成（%）	
	中国	美国	中国	美国
GDP	5.9	14.6	100	100
第一产业	0.6	0.2	10.2	1.4
第二产业	2.7	2.7	45.8	18.5
工业	2.4	2.2	40.7	15.1
采矿业	0.3	0.2	5.1	1.4
制造业	1.9	1.7	32.2	11.6
电力、热力、燃气及水的生产和供应业	0.1	0.3	1.7	2.1
建筑业	0.4	0.5	6.8	3.4

① 见 http：//www.stat.go.jp/english/data/handbook/c0117.htm#c03。

续前表

	增加值（万亿美元）		构成（%）	
	中国	美国	中国	美国
第三产业	2.5	11.7	43.4	80.1
交通运输、仓储和邮政业	0.3	0.4	5.1	2.7
信息传输、计算机服务和软件业	0.1	0.6	1.7	4.1
批发和零售业、住宿和餐饮业	0.6	2.1	10.2	14.4
金融和房地产业	0.6	3.0	10.2	20.5
其他	0.9	5.6	28.8	42.5

资料来源：中国的结构数据来自《中国统计年鉴2014》中GDP行业数据，美国的结构数据来自美国商务部经济分析局官方网站，为便于比较，对两国第三产业中的一些行业进行了归并。两个国家的GDP数据为世界银行公布的国际比较官方数据。

第五，可持续发展对中国经济发展提出了新的要求。在2003年开始的我国新一轮的工业化加速进程中，对能源和自然资源高度依赖的重化工业得到了迅速发展。在这一期间，能源供给和环境保护成了我们经济发展中面临的一个重大难题。如果说在以往各个发展时期，我国的经济增长的关键问题就是如何更好地把国内外的各种资源利用起来，通过扩大生产领域的投入来促进经济增长的话，那么到了现在，保护和改善环境则成为我们在经济发展中需要更加重视的问题。近几年来，一些大城市环境污染（尤其表现在雾霾上）的加重，为各级政府敲响了警钟。其实，在雾霾还没有出现的时候，我国工业化进程所带来的环境问题就已经非常严重了，只是人们还没有普遍认识到它的严重性。在新的条件下，如何既控制高耗能高污染的产业的发展，又不影响到我国的经济增长和人民生活的改善，已经成为新时期经济增长中所要解决的新矛盾。对于某些地方而言，现在的发展问题已经不是工业增加值如何增长，GDP

增长率达到多高，而是如何解决环境恶化对人民群众和社会发展的伤害。在这种情况下，工业发展尤其是重化工业的发展就不能再走原来的老路，而要着重解决环境保护与经济增长的矛盾，在环境不再恶化乃至不断改善的情况下实现经济增长。

这些体制背景和发展阶段以及由此带来的发展难题上的差别，实际上标志着我国的工业化进程进入了一个新的发展阶段，即工业化后期。在我们由工业化中后期向后期过渡时，我们会遇到一些震荡，但由于社会主义市场经济体制已经建立并且经历了较长时间的发展，这种震荡对我国现阶段经济增长的冲击将明显小于 20 世纪末。同时，新的发展阶段也决定了在我国的经济增长条件尤其是经济结构失衡得到改善后，经济发展所走的道路将明显地不同于以往。虽然增长率有可能出现一定的回升，但由于工业增长的放缓是长期趋势而不是短期回落，经济增长率不会重新回到从前。从整个国民经济的发展方式上看，要通过深化体制改革及加大制度创新力度来推动技术创新，从而使我们的经济增长由更多地通过增加投入来实现转变为更多地通过经营管理进步和科学技术进步来实现。而从主导产业的带动上看，经济增长则必然从由第二产业带动转变为由第三产业带动。这是由中国经济增长的阶段性所决定的。所以，中国现阶段的经济增长，将会开始一个新的阶段，而不是重复过去的阶段。

3. 第三产业与现阶段中国经济增长

按照我国的三次产业分类，第一产业主要是农业生产部门，为社会提供农产品和相关产品，而第二产业包括工业和建筑业，为社会提供工业品和建筑产品。这些产品都是以直接的物质形态表现出来的。而第三产业的生产活动，则主要体现为提供生产和生活服

务。在国民经济三次产业部门中，第三产业最为复杂。如按照国家统计局2003年的《三次产业划分规定》，第一产业下包含的二级行业只有农、林、牧、渔业，第二产业下的二级行业只有工业和建筑业（工业下再分为采矿业、制造业以及电力、燃气及水的生产和供应业），但第三产业包含的二级行业（或部门）则达到14个，包括交通运输、仓储和邮政业，信息传输、计算机服务和软件业，批发和零售业，住宿和餐饮业，金融业，房地产业，租赁和商务服务业，科学研究、技术服务和地质勘查业，水利、环境和公共设施管理业，居民服务和其他服务业，教育，卫生、社会保障和社会福利业，文化、体育和娱乐业以及公共管理和社会组织。可以看出，第三产业所提供的服务非常广泛，既包含向生产部门提供的服务（如农产品的运输和销售），又包含向居民部门提供的服务（将最终产品提供给居民家庭）。随着经济的发展和分工的专业化，实物产品生产部门的一部分功能会不断地从原来的企业或部门中分离出来，生产的产业链将被不断延伸，生产效率得到提高。而第三产业在国民经济中的地位也越来越重要。如居民住宅的建设，本来主要属于建筑业（建设和装修）和工业（建筑材料）即第二产业的生产活动，但随着房地产业的发展，开发商、金融机构、设计部门和销售部门在这一生产活动中的作用越来越大，在增加值中所占的份额也越来越大。现在许多居民住宅项目建设所创造的第三产业增加值都超过了第二产业。还有一类服务，即服务部门为满足各种最终需求所提供的服务，包括为社会提供的公共服务和为居民提供的消费服务。当居民收入水平提高时，外出就餐、旅游、文化娱乐等消费必然得到提升；随着科技的进步，居民家庭在电视、通信、互联网服务等方面的支出在不断增加；储蓄的增加使理财方面的需求不断增加；教育医疗方面的支出也在增加；等等。随着经济的增长和居民收入的增加，居民的服务消费在家庭消费中的比重会越来越大。发达国家的恩格尔系数之所以低（很多国家在10%以下），不是因为买车、电视等耐用消费品的支出所占的比重大，而是因为房租（购

买住房也要估算房租支出）、物业管理、社会服务和家庭服务方面的支出高。还有一部分服务属于公共消费，如国家在医疗、教育、国防、行政等社会服务方面的支出，随着一个国家的经济发展，这方面的支出也会不断扩大。

（1）从GDP核算的发展看第三产业在我国经济增长中的重要性

在改革开放后的国民经济核算或GDP核算的实践中，如何完善第三产业的统计，得到更加准确和系统的统计数据，一直是统计改革的重点。我国的农业、工业和建筑业统计进行得比较早，在改革开放以前就有了一定的基础，随着经济体制改革又得到了进一步完善，问题相对较少。而第三产业的统计则是在改革开放后随着我国的经济总量统计由物质产品平衡表体系（MPS）向新国民经济核算体系（SNA）的转化而建立和发展起来的，缺乏统计基础，再加上第三产业本身发展的复杂性，政府统计部门不得不花费很多的时间、进行大量的投入来改善这一方面的工作。服务业核算的复杂性主要体现在三个大的方面：一是新的服务业态在不断地产生，如改革开放后资本市场的发展、近年来互联网服务（如网上购物）的发展等，都属于新生事物，如何把这些新的活动所创造的价值客观地反映出来，是我们要不断解决的问题。二是第三产业属于最为活跃的生产部门。根据第三次全国经济普查的结果，在第二和第三产业的所有产业单位中，第三产业的比重在77.9%以上，而在这两个产业的有证照的个体经营户中，第三产业的比重达到了94.3%。大量的小企业和个体经营者，是我国经济活动中最为活跃的力量，每日甚至每时都在发生变化，及时地追踪和反映其经济活动成果，始终是统计部门面临的难题。三是在我国由计划体制向市场体制转轨的过程中，我们面对的统计对象具有复杂性。随着市场经济的发展，许多原先由国家、企业或单位包揽的支出，现在也市场化了。如在计划经济条件下，国有单位的干部职工居住单位的住

房只要缴纳很少的房租，在工资收入中只占很小的比例，而在住房商品化改革后，不但住房不再由单位分配，需要自己购买，而且在居住中得到的各种服务也是需要付费的（如物业费、取暖费、停车费、通信费、有线电视费等），这些支出目前在城市居民家庭（尤其是年轻居民家庭）支出中所占的比重已经相当高。这些支出一方面反映了经济发展和社会进步后，居民家庭的整体生活水平在提高（如停车与通信支出的增加），另一方面也体现了在市场化改革后，一些本来由单位或社会无偿提供的服务逐渐转化为有偿服务（居住、部分教育和医疗服务等）。客观地反映这些服务的价值，也是相当复杂的。还有一些服务，如对于居民家庭居住自有住房，在GDP核算中应该按照国际标准来统计一项估算的自有住房的租金服务，这些服务没有明码标价，但必须反映在我们的第三产业增加值中，如何估算这些服务的价值，也面临相当多的困难。从总体上看，我国的第三产业规模长期存在被低估的现象，在早期，主要是因为一些按照国际标准应该计入第三产业的部分由于体制或其他方面的原因，没有在第三产业中反映出来，到了现在，则主要是因为相对于新兴业态与中小民营经济的迅速发展，我们的统计工作存在滞后的现象。克服这些矛盾最重要的一条途径，就是通过全面的经济普查得到大量的基础数据，检验经常性统计的准确性。进入21世纪后我国定期开展了三次全国经济普查，为改善国民经济核算尤其是第三产业统计数据的质量，作出了积极的贡献。

第一次全国经济普查（2004年）后，我国调整后的2004年的GDP总量达到15.99万亿元，比年快报核算数多了2.3万亿元，增加了16.8%。而在多出的2.3万亿元中，第三产业增加值为2.13万亿元，约占93%。第三产业增加值占GDP的比重由原来的31.9%上升到40.7%。第二次全国经济普查（2008年）后，调整后的2008年GDP达到31.4万亿元，比年快报核算数多了1.3万亿元，增加了4.3%。而在多出来的1.3万亿元中，第三产业增加值为1.1万亿元，占84.6%。第三产业增加值占GDP的比重由原

来的40.1%上升为41.8%。而在最新开展的第三次全国经济普查后，调整后的2013年GDP数据比原来增加了3.4%。在多出来的GDP中，第三产业增加值所占的比重为71.4%。第三产业增加值占GDP的比重由原来的46.1%上升到46.9%。从历次调整的结果看，第三产业的调整幅度都是最大的，第三产业增加值调整额占整个GDP调整额的比重也是最大的（三次全国经济普查中所占的比重分别约为93%、84.6%和71.4%），但是调整的相对幅度在不断减小。在三次全国经济普查中，第三产业增加值所占的比重分别提高了8.8个、1.7个和0.8个百分点，调整的幅度在递减。这说明随着大规模全国经济普查的不断发展，我国的GDP核算尤其是第三产业增加值核算所得到的统计数据的准确性在不断提高。“十二五”规划提出要将服务业即第三产业增加值的比重再提高4个百分点[①]，即年均提高0.8个百分点，而从最新的数据结果来看，“十二五”期间（2010—2015年）服务业增加值占比的提高幅度平均在1个百分点以上，超出了预期目标。

（2）从经济发展的阶段性看新常态下第三产业对于经济增长的意义

从不同产业的发展变化看，进入工业化后期以后，第三产业成为经济增长的主导。在前面的分析中，我们主要分析了第二产业的增长为什么在这一时期可能出现减速——除了因为产业本身的供需发生了变化外，还因为专业化分工和经济发展阶段对其提出了客观要求。而现阶段第三产业在我国经济增长中的地位的提升，至少有以下几方面的重要原因。

第一，相当大一部分长期形成的第二产业的生产活动成果，开始大规模地转化为第三产业的生产条件，从而促进了第三产业的大发展。从20世纪90年代开始，我国开始加大基础设施建设的力

① 参见《国民经济和社会发展第十二个五年规划纲要》。

度。如果说在过去我国提高国民经济的综合生产能力主要是通过加大对制造业、采掘业等领域的投资的话，那么到了这一时期，基础设施建设则成为我国投资的重点。1998 年亚洲金融危机后我国实施积极的财政政策刺激投资增长时，中央政府进行的投资几乎都是基础设施建设方面的投资。在基础设施投资中，最重要的就是交通、运输、通信等方面的投资，如铁路、高速公路、机场、互联网建设等，这些领域的投资数额巨大，对经济增长的拉动作用也大。在投资和建设过程中，所进行的生产活动主要体现为工业和建筑业的生产成果，如使用了大量的钢材、水泥、机械设备，同时又需要建筑企业的生产活动。这些投资和建设一旦完成，形成各种基础设施后，工业和建筑业的活动就基本上结束了，而对这些基础设施的应用则属于第三产业创造价值的过程。虽然说我国的基础设施建设还要大力发展，但建设的高潮可以说已经过去（在每年新增的国民收入中，用于基础设施投资的比例会逐渐降低），我国当前发展中的主要问题已经不再是基础设施严重不足，而是已经建成的基础设施如何更好地发挥作用，如怎么通过提高货物和旅客的运输效率，改善运输部门和基础设施管理部门的经济效益，同时通过这种服务形成更加有效的产业布局（如促进旅游业的发展等）以及改善广大居民的生活水平。这种在工业化进程的不同发展阶段上生产活动重点的变化（前期的建设要着重于改善生产条件，后期的发展则要让投资成果更加有效地发挥作用），决定了我们产业发展的重点也会发生变化。

第二，从外向型经济的发展看，中国已经开始由商品输出大国向资本输出大国发展，这将提高我国服务收入在外向型经济中所占的比重。虽然在货物出口和贸易总额方面，中国已经是世界第一，但是比较中美两国的国际收支平衡表可以发现，在货物和服务的进出口方面，现在我们仍然低于美国。其中的原因就是我们的服务出口规模较小，在全部出口中所占的比重较低，但这种情况正在迅速改变。最近几年，特别是全球金融危机以后，中国的对外直接投资

迅速增加，目前已经成为世界上对外直接投资规模最大的国家之一。[①] 这种对外投资最终发展的结果，是积极带动我国的对外工程承包、劳务输出及设备出口，并在国际收支平衡表的经常收支项下形成更多的服务收入，在改善我国国际收支结构的同时，扩大外向型经济中服务的比重。

第三，现阶段实现经济的可持续增长，关键是要通过广义的技术进步（包括制度创新和技术创新）来提高经济增长质量，这就对第三产业的发展提出了更高的要求，进而促进了第三产业的发展。在新的经济发展阶段，通过投资扩张来带动经济增长的传统方法，已经越来越不能适应现阶段我国经济增长的需要。现在我们经济发展中的主要矛盾不是产能不足而是产能相对过剩，除了前期盲目投资导致的高能耗、高污染产能的重复建设外，一个相当大的问题是第三产业（如金融、运输、商业、对外贸易等）的发展与工业的发展不相适应，配套不足，这不仅表现为第三产业在规模上仍需要更大程度的扩张，而且还表现为创新不足，国家现在所重视的自由贸易区、“一带一路”、互联网经济等，几乎都属于第三产业方面的创新和建设。而技术创新尤其是高科技的发展，也属于第三产业的发展。第二产业仍然需要发展，但是第三产业的发展在当前更为重要。

第四，第三产业吸纳就业的能力强，反过来，我国的劳动力供给又为第三产业的发展提供了有力的支持。1978—2013 年，我国第二产业的就业人数由 6 945 万人增加到了 2.32 亿人，增加了约 1.62 亿人，而第三产业的就业人数则从 4 890 万人增加到了 2.96 亿人，增加了约 2.47 亿人。从目前情况看，虽然每年新增的劳动力在逐渐减少，但是第一产业劳动力人数仍然众多，2013 年我国从事第一产业的劳动力仍然有 2.42 亿人，占全部就业人口的比重

① 根据商务部消息，2014 年我国对外直接投资规模首次突破千亿美元，达到 1 029 亿美元，为世界第三位，接近实际使用外资的数量（1 196 亿美元），预计不久就可能超过引进外资的数量，成为资本净输出国。

达到31.4%。按照世界各国工业化的一般经验，当一个国家的工业化进程基本完成后，三次产业的就业结构会趋同于产业（增加值）结构。而中国目前第一产业的增加值比重已经在10%以下，但就业比重仍然在30%以上，这就说明随着工业化的继续推进，至少还有20%左右的农村劳动力要转移到非农产业，如果实现了这一点，我们也就实现了完成工业化的目标。2003年以来，随着新一轮工业化进程的加速，我国第二产业的就业一直在稳步增加，人数由1.59亿人增加到2013年的2.32亿人，所占的比重由21.6%上升到现在的30.1%，提高了8.5个百分点。而在此期间，第三产业的就业人数从2.16亿人增加到了2.96亿人，增加了8 000万人，比重从29.3%增加到38.5%，提高了9.2个百分点。从目前的情况看，一方面，第二产业的增长率在放缓，吸纳劳动力的能力在降低；另一方面，由于劳动力成本提高，更多的劳动密集型企业在向资本和技术密集型企业转化，这也就是说，更多的企业在设法用机器代替人，从而在扩大生产能力的同时，降低单位产品的劳动成本。在人口红利减少的情况下，第二产业吸收新增就业的能力可能下降得更快。但第三产业的情况就不同了，它天然具备吸纳就业的能力，因为服务性生产的特点就是通过人来直接地提供各种生产和生活服务。21世纪初，我国的经济增长得很快，但是每增长1个百分点所能够增加的就业人数是下降的。[①] 近三年来，我国的经济增长率虽然出现了回落，但就业形势一直较好，每年城镇新增就业人数都在1 000万人以上（2014年为1 322万人），每增长1个百分点所带动的就业人数达到178万人，其中一个重要原因就是，第三产业的较好增长为改善就业提供了有力的支持。完成工业化后，就业结构会接近于产业结构。我国现阶段二者之间还存在

---

① 2004年4月28日，时任国家发改委副主任朱之鑫在一次会议上说："上世纪80年代，我国GDP每增长1%，可增加约240万个就业岗位，而现在只能增加100万个，就业弹性明显下降。"参见《国家发改委：经济增长对促进就业的作用明显弱化》，新华社北京4月28日电。

较大的差别，2013年三次产业增加值占GDP的比重分别为9.4%、43.7%和46.9%，而三次产业的就业人数占全部就业人数的比重则分别是31.4%、30.1%和38.5%，这说明我国的城镇化进程仍然落后于工业化进程，而到了工业化后期，这种结构上的差距会迅速缩小，最终二者会和工业化国家一样基本接近，这实际上就是完成工业化的一个标志。从现在的情况看，我们有可能再用10年到20年的时间完成这一进程。在这一期间，不断地改善就业将是我国经济发展的重要目标，而第三产业的增长将为我们实现就业发展目标创造条件。

第五，我国正处于全面建成小康社会的最后发展阶段，在这一时期人民生活将得到显著的改善，而居民家庭现阶段消费水平的提升主要体现为所消费的服务在数量和质量上的提升。在工业化中期和中后期，投资和出口拉动是经济增长的主要动力。在这一时期所进行的大量投资，虽然对当时人民的收入及消费造成了一定影响，但对未来的经济增长却有长期的基础性作用。在新常态下，也就是逐渐进入工业化后期之后，我国的投资规模仍然很大，但增速则有所放缓，每年新增的国民收入中，将有更大的部分用于改善民生，这既是全面建成小康社会的要求，也是经济发展到一定水平后最终需求结构所必然发生的变化。而在现在的经济发展水平上，居民消费水平之间的差别主要并不是体现在对第一、第二产业的物质产品的消费上，而是体现在所分享的服务上。[①] 我国各个地区、各个城市之间的差别，在很大程度上也体现为教育、医疗、文化、交通等方面的公共服务的差别。因此，现阶段全面提升全体中国人民的生活水平和生活质量的关键已经不是温饱问题的解决和耐用消费品的使用，而是公共和家庭服务的改善。这就要求政府加大在公共消费领域的投入和产出，同时促进居民服务业的发展，且越是落后的地区，政府越要

① 正如前面所分析的，居民购买住宅虽然也是居民支出的重要组成部分，但属于投资行为。居住算做对服务的消费，租房就直接计算房租，自有住房则要估算租金支出。

强化其在这方面的发展，这不仅有利于中小城市的发展及当地居民生活的改善，而且也可避免大量人口向个别公共服务发展较好的地方过度聚集。对于服务活动的需求的扩大，必然要求供给领域创造或提供更多的服务，从而推动服务业的进一步发展。

第六，从体制转轨进程看，我国的改革已走过三十多年的历程，社会主义市场经济体制建设已进入攻坚阶段，即以社会主义市场经济为目标，以公有制为主体、多种所有制经济长期共同发展为基本制度，以市场机制在资源配置中起决定性作用、规范科学的政府宏观调控作为重要前提的改革开放进入全面深化的新阶段，一系列与社会主义市场经济体制相适应的现代服务业将获得进一步的发展，如现代金融、贸易、商业、保险、信息等。与发达国家的历史不同，资本主义发达国家大多是先进行“商业革命”，然后开展“产业革命”，在产业革命之前，伴随资产阶级革命和资本主义生产方式的建立，与市场机制相适应的一系列必要的服务部门已经先行获得了成长，其服务业的比重已经很高，远远超过工业制造业，主要原因便是其在制度上先行市场化，之后再推动工业化。在工业化阶段，突出的结构特征是工业的比重大幅上升，而服务业的比重在工业化初期到末期基本不变，但进入后工业化阶段之后，服务业的发展重新超越其他产业并成为主导产业。我国则是工业化与市场化双重转轨同时推动，即发展和体制双重转轨并行，在工业化初期并不存在较完备的市场机制，相关服务业比重并不领先。在双重转轨过程中，我国第三产业的发展同时获得了来自发展（工业化深入）和体制（改革深化）的动力，伴随双重转轨的深入和加速，第三产业的发展在工业化后期和市场加速攻坚期必然会进一步加速。[①]

从以上分析中可以看出，在现阶段的经济增长中，提高第三产业的地位并不是一种调整时期的权宜之计，而是中国经济发展到一

---

① 参见刘伟、杨云龙：《工业化与市场化：中国第三次产业发展的双重历史使命》，载《经济研究》，1992（12）。

定阶段的必然结果，或者说，是进入工业化后期之后，中国经济增长所呈现出来的一种新的常态，而产业结构的升级则是进入这种“新常态”最重要的影响因素。自 2011 年前后我国积极的宏观经济政策“择机退出”后，市场成为经济增长中配置资源的主要力量，经济增长出现间断性的回落（即从原来的年均增长 10%左右回落到现在的年均增长 7.5%左右），这固然有经济周期方面的原因，但更主要的是由于工业化进入了新的阶段，于是各个产业增长之间的关系发生了变化。由于服务业具有即时消费的特征，它抵抗经济周期的能力比较强，在中国又存在巨大的潜在需求，因此服务业的增长率可以保持相对稳定；工业及整个第二产业在新阶段仍然能保持较好的增长（如在比较长的时期里保持 7%以上的增长率），但由于以上讨论的种种缘由，再高的增长率就比较难维持了；农业或第一产业仍然可以保持 4%左右的增长率。这样综合来看，中国在未来比较长的一个时期（5～10 年）里保持 7%以上的年均经济增长率是有可能的，这就为我们全面建成小康社会、实现建党 100 年时的奋斗目标提供了支持。所以，我们要改变传统的看待经济增长的思维方式，不能一看到工业增加值增长率降下来、用电量增长率降下来就断言中国经济出了大问题，甚至可能出现了停滞，必须重新大规模地搞总量刺激。大规模地搞总量刺激必然导致在已经发生产能过剩的基础上再制造“虚拉动”，形成更严重的产能过剩。中国经济增长的主流或者基本面是健康的，或者说只是在新阶段面临新失衡，因而需要开始新的再平衡过程，否则就不能解释为什么在稳定就业、提高居民收入、维持国际收支平衡、克服通货膨胀、提高资源配置的效率等方面我们能取得那么大的进步。

总之，本节通过对中国工业化进程中各个阶段产业结构的变化及其特征进行了总结，指出现阶段中国正由工业化进程的中后期进入工业化后期，国民经济的主导产业将会由第二产业转变为第三产业。这种转变的主要特征是：首先，第三产业的增长率将超过第二产业，带动整个经济增长；其次，第三产业的比重在超过第二产业

后会继续增大，而第二产业的比重将会继续下降。这种变化是我国经济发展到一定阶段的必然结果，对未来的经济增长和发展方式、就业和人民生活都会产生显著的影响。

中国的现代化进程实际上也就是实现工业化的过程。从长期发展看，中国的工业化进程可以分为三个阶段：(1) 工业化前期。从新中国成立甚至更早到改革开放初期，其产业结构变化的特点是工业及整个第二产业的发展开始加速，增长率领先，增加值在国民经济中的比重加大。(2) 工业化中期。从改革开放到 21 世纪的前 10 年，产业结构的特点是工业及整个第二产业的发展带动经济增长，但需要得到第三产业的配合，第二产业的年均增长率略高于第三产业。具体来看，这一时期又可以分为中前期（20 世纪 80 年代前后）、中中期（20 世纪 90 年代前后）和中后期（进入 21 世纪后的前 10 年），各个具体时期的产业结构变化又有着不同的特点。中前期对前期的“虚高度”进行了修正，中中期则是在合理化的基础上重新加快工业增长，并通过市场化改革引导产业的布局和发展，中后期则是在市场经济的基础上进一步加快工业化，使工业在三次产业的相互配合中获得迅速发展。(3) 工业化后期（2010 年左右之后）。在这一时期，第三产业的增长率领先于其他产业，且比重不断提高，这种产业结构的变化也会反映到就业结构上来，使就业结构逐渐向产业结构收敛。这实际上就是工业化带动城镇化的过程。当产业结构趋于稳定后，就业结构会趋近于产业结构，这就标志着我们完成了工业化进程。从发展趋势看，这一进程将需要 10～20 年的时间。在这一期间，中国仍然有可能以比较高的速度保持经济增长。

目前中国经济增长正处于产业结构升级以及优化各种经济结构的关键时期，政府首先应该通过改善政府职能，让市场机制充分地发挥作用，尤其是要通过简政放权充分发挥市场本身的创新能力，使整个经济尤其是第三产业的发展更有活力，然后再在这个基础上改善宏观调控，为改善经济增长和实现产业结构的不断升级创造条件。

九

新常态下我国经济增长中的突出的结构性矛盾

首先，从总体上看，我国经济增长的水平高于结构升级的水平，或者说结构演进相对滞后，对经济有效均衡增长产生了深刻的影响。

尽管我国经济高速增长过程中产业结构发生了深刻的变化，但结构演进与经济增长要求之间仍有相当多的不适应之处。一方面，与发达国家相比，尤其是与和我国经济增长水平大体相当的发展中国家相比，我国产业结构高度与其均存在显著或比较显著的差异；另一方面，结构高度的相对滞后已大大限制了经济总量的扩张，使我国投资需求的有效增长受到很大的结构约束。表 9—1显示的是我国现阶段产业结构与发达国家和发展中国家相比较的状况。

表 9—1　　2010 年中国与世界不同国家的国内生产总值构成　　（%）

	第一产业	第二产业	第三产业
高收入国	1.5	25.1	73.4
中等收入国	9.7	34.3	55.9
下中等收入国	10.0	34.1	55.8
低收入国	25.7	24.4	49.9
中国	9.5	44.6	45.9

资料来源：世界银行 WDI 数据库，转引自《国际统计年鉴 2011》。其中部分国家的数据是 2009 年或 2008 年的数据。中国第二产业的比重为 44.6%，这与我国国家统计局的《中国统计年鉴》中的 46%略有差别，但在进行国际比较时，我们还是统一采用国际组织公布的数据。

从经济规模和人均 GDP 水平看，我国已进入上中等收入阶段。但与我国经济增长水平相比，我国结构高度的演进相对滞后，2010 年第三产业增加值占 GDP 的比重仅为 45.9%，不仅低于当代中等收入国的平均水平（55.9%），而且低于当代低收入国的平均水平（49.9%），与之相对应的则是我国第二产业增加值占 GDP 的比重显著高出经济发展阶段的正常水平，高收入国的平均水平为 25.1%，中等收入国为 34.3%，我国则为 44.6%，在当代世界只有中低收入水平的东亚和太平洋国家第二产业增加值占 GDP 的比重达到这么高（44%）。也就是说，虽然我国人均国民收入已达到上中等收入水平，但我国的产业结构仍与中低收入国家的结构更为接近。2010 年以后，我国的产业结构虽然继续有所提升，但这种基本局面并没有得到根本的改变。这种结构演进滞后于经济增长的状况，与我国经济增长中的投资与消费结构失衡、市场化滞后，特别是市场机制所需要的服务业发展落后，信息化对新型工业化和城镇化的促进融合作用不足等，都有着深刻的联系，制约着我国经济的可持续发展。

其次，就业结构与增加值结构差距过大，二元结构特征突出，

表明我国经济的高速增长在一定程度上是以加剧发展上的失衡为代价的，而这种失衡的加剧又会成为制约经济可持续增长的重要因素。

从就业结构高度的演进来看，我国经济增长过程中，就业结构发生着深刻的变化，特别是第一产业就业比重从改革初期的70%以上（相当于当代低收入国的状况）降至现阶段的36%左右，但总的来看，我国第一产业就业比重之高，第三产业就业比重之低，与我国经济增长所达到的水平不相称，如果说我国三次产业增加值结构高度滞后于经济增长水平的话，那么就业结构高度滞后程度就更高，表9—2显示的是我国增加值结构与就业结构的对照情况。

表9—2　改革开放以来中国增加值结构与就业结构的变化和比较

年份	增加值结构（%）			就业结构（%）			增加值比重/就业比重		
	第一产业	第二产业	第三产业	第一产业	第二产业	第三产业	第一产业	第二产业	第三产业
1978	28.2	47.9	23.9	70.5	17.3	12.2	0.40	2.77	1.96
1992	21.8	43.4	34.8	58.5	21.7	19.8	0.37	2.00	1.76
2000	15.1	45.9	39.0	50.0	22.5	27.5	0.30	2.04	1.42
2011	10.0	46.6	43.3	36.7	28.7	34.6	0.27	1.62	1.25

表9—2显示，我国第一产业就业比重持续下降，第二产业就业比重基本稳定，第三产业就业比重上升幅度最大（2011年比1978年提升了22.4个百分点），这也印证了前文分析各产业劳动生产率的增长率时所得出的结论：第一产业的结构变迁效应为负值（劳动力净流出），第二产业为正值，但小于第三产业劳动生产率增长中的结构变迁效应（劳动力更多地流向了第三产业）。首先，比较而言，我国就业结构高度低于增加值结构高度，这说明，一方面，增加值结构高度演进带动了就业结构提升；另一方面，增加值结构高度缺乏足够的产业劳动生产率上升的支持。钱纳里曾利用

101个国家1950—1970年的资料构造出一个经济发展不同阶段的标准结构，若以我国现阶段的增加值结构中的第一产业比重与其对照，则我国已超过人均2 000美元（1970年美元）的发展阶段，但若按第一产业就业比重对照，则我国仅处于400美元到600美元的阶段，这也表明我国经济的二元结构特征显著。其次，在这一过程中，各产业增加值比重与就业比重在逐渐接近，但相互间的差距仍是显著的，这从一定意义上反映出我国产业间劳动生产率的失衡。第一产业的产值比重显著低于其就业比重，并且两者间的差距仍然在扩大，没有任何收敛趋势，从1978年到2011年其比重的比值已从0.4演变为了0.27，二者的失衡进一步加剧；第二产业的产值比重与就业比重的差距最为突出（2011年分别为46.6%、28.7%），但在长期里有微弱的缩小趋势（2000年之前第二产业增加值比重与就业比重的差距更为突出）；第三产业的增加值比重与就业比重的差距不及第二产业悬殊，且相互间接近的速度较快，两者之比从1978年的1.96持续降至2011年的1.25。一般而言，产业的增加值比重与就业比重应逐渐趋于一致，这是产业间劳动生产率趋于均衡的趋势，也是产业间发展均衡的重要体现。美国2008年三次产业的增加值占GDP的比重依次为1.1%、20%、78.9%，相对应的就业比重依次为2.3%、23.2%、74.5%。当代发达国家第一产业的增加值比重和就业比重大多在5%左右，第三产业的增加值比重和就业比重大多在70%以上，第二产业的产值比重和就业比重大多在20%以上，产值比重与就业比重基本上都是相似的。① 我国三次产业的增加值比重和就业比重相去较远，且长期里虽有接近的趋向，但速度并不显著，由此产生了一系列增长中的失衡，突出的一点是在国民收入的初次分配中收入分配的失衡加剧，2011年第一产业的就业比重为36.7%，而增加值比重仅为10.0%，

① 美国的数据来自美国商务部经济分析局，发达国家的数据来自世界银行发布的《世界发展报告》。

这意味着36.7%的从业者在初次分配中只能分得10.0%的增加值。第二、第三产业的增加值比重均高于就业比重，尤其是第二产业的就业比重为28.7%，却在初次分配中分得46.6%的增加值，这种结构失衡是我国城乡居民收入差距显著的重要原因。而正是城乡居民收入差距构成了中国居民收入差距扩大的首要原因，能解释居民收入差距的40%以上。[①] 而居民收入差距的扩大又是消费需求增长乏力的根本原因，消费需求疲软恰又导致了我国现阶段增长乏力。

进一步考察我国劳动者报酬的上升速度与劳动生产率的上升速度会发现，劳动者报酬的上升速度缺乏足够的劳动生产率提升的支持。据测算，2002—2010年我国就业人员劳动报酬年均增长14.5%（按现行价计，若剔除价格上涨因素，则实际增长率要低于此水平），其中第一产业从业人员报酬年均增长18.1%，居首位，第三产业人均报酬的年均增长率为11.6%，居其次，增长最迟缓的是第二产业，其从业劳动者人均报酬的年均增长率为11.1%。[②] 这表明，进入中等收入发展阶段后，我国要素成本，包括劳动力成本已进入加速提升阶段，如果劳动生产率的提升不加速，那么在短期里会形成巨大的成本推动的通货膨胀压力，长期里会使经济增长的可持续性遭到严重削弱，正如本章第一部分所分析的，我国产业结构高度提升所推动的工业化进程中，实体产业效率基础较为薄弱。尽管我国产业结构高度所体现的工业化进程与当代世界工业化完成水平相比，已经进入后期（产业结构高度H已达到0.666），上海、北京、天津、江苏、广东甚至已基本实现了工业化（H已达到1），但第一产业的劳动生产率水平与当代实现工业化目标时应有的水平相去甚远，第一产业劳动生产率较低（LP_{1t}^{N}仅为0.147，显著小于1，即显著小于当代实现工业化目标时第一产业的标准劳动生产率）。第二产业的劳动生产率也普遍与当代世界工

① 参见刘伟：《促进经济增长均衡与转变发展方式》，《学术月刊》2013年第2期。

② 参见刘伟主编：《中国经济增长报告2012》。

业化标准要求相距甚远（LP_{2t}^{N}仅为0.462，同样显著小于1）。换句话说，与我国工业化进程中的产业结构演进达到的高度相比，实体产业的劳动生产率尚未达到相应工业化进程应有的水平，在一定意义上意味着存在脱离劳动生产率水平的产业结构“虚高度”，这是要素成本上升而劳动生产率上升速度相对低于成本上升速度，进而导致经济增长出现“泡沫”的根本原因。

最后，我国产业结构存在的反效率配置现象，不仅使已有的资源配置效率落差没能更有力地推动资源从低效率部门向高效率部门转移，而且扩大了资源配置的产业结构性效率差异。

利用我国 1992 年和 2007 年的投入产出表，可计算出各个产业的资本和劳动所占的份额，各个产业的资本和劳动的边际报酬，以及各个产业的劳动生产率和资本劳动比。表 9—3、表 9—4、表 9—5 的结果显示了各产业的资源反效率配置的状态。资源反效率配置现象的存在，使得我国不同产业间已有的资源配置效率落差未能充分利用，即资源未能有效地从效率低的产业及时流向效率高的产业，反而扩大了资源配置效率的落差，即加大了产业间效率差距，这既有发展上的原因，又有体制上的原因，关键在于市场竞争不充分，限制了资源在产业间的流动。[①]

表 9—3　　资本的结构变迁

	资本投入变化（亿元）	1992 年资本投入所占份额（%）	2007 年资本投入所占份额（%）	1992 年资本边际报酬	2007 年资本边际报酬
经济总体	184 015.5	100	100	0.336	0.293
第一产业	6 530.5	5.1	3.8	0.413	0.072

① 张军（2002）认为，资本深化导致的资本边际报酬递减加速，是 20 世纪 90 年代中后期我国 GDP 增长率下降的主要原因。参见张军：《增长、资本形成与技术选择：解释中国经济增长下降的长期因素》，载《经济学（季刊）》，2002（1）。

续前表

	资本投入变化（亿元）	1992年资本投入所占份额（%）	2007年资本投入所占份额（%）	1992年资本边际报酬	2007年资本边际报酬
第二产业	93 731.5	38.9	48.7	0.498	0.341
第三产业	83 753.6	56	47.4	0.217	0.262

资料来源：表中的数据依据国家统计局公布的投入产出表数据计算而得。

表9—3显示，从资本份额来看，第一、第三产业资本投入所占份额都在下降，第二产业资本投入所占份额在上升，表明在这期间资本主要向第二产业集中，不仅新增资本主要在第二产业中形成，甚至部分旧有资本也向第二产业转移，但同时，经济总体和实体产业的资本边际报酬普遍下降，因资本边际报酬近似于毛利率，因而毛利率相应普遍下降，其中，第一产业的毛利率下降最快，第二产业的资本边际报酬也显著下降，但下降速度相对慢于第一产业，只有第三产业的毛利率略有上升（资本边际报酬从0.217上升为0.262），但其绝对水平却始终低于第二产业。实体产业的资本边际报酬加速递减，表明各产业的资本深化加速，资本产出比提高较快，进而资本边际报酬递减，这意味着，投资需求的增长将会趋缓，产出增长率可能会下降，或者说，若无技术进步加速，若无产业间资源流动加速即产业结构升级，那么继续扩大投资必然导致资本边际报酬递减加速，从而导致市场性（非政府性）投资需求增速趋于减缓，加剧内需不足从而影响经济的持续增长率。

表9—4显示，第一产业的劳动投入所占份额显著下降，表明劳动要素正从农业流向城市非农产业，这是工业化和城市化加速的重要体现，但第二产业劳动投入所占份额从高于第三产业变为低于第三产业，表明第二产业吸纳劳动的速度在下降，资本可能在挤出劳动。尽管表9—4显示第二产业的资本边际报酬高于第三产业，但是，一方面，第二产业的劳动边际报酬显著高于第三产业，第二

产业中劳动份额被显著挤出并进入劳动生产率相对低的其他产业，这本身意味着经济中劳动生产率结构效应的损失；另一方面，第二产业的资本边际报酬的绝对水平虽然高于第三产业，但动态地看其资本边际报酬处于加速递减过程中，而第三产业的资本边际报酬水平虽低于第二产业，却处在上升过程中，若资本继续向第二产业集中，则意味着资本从边际报酬上升的领域向边际报酬加速递减的领域进一步集中，这本身便会推动资本配置效率逐渐降低。

表 9—4　　劳动要素的结构变迁

	劳动投入变化(万人)	1992 年劳动投入所占份额(%)	2007 年劳动投入所占份额(%)	1992 年劳动的边际报酬(元／人)	2007 年劳动的边际报酬(元／人)
经济总体	9 169	100	100	1 712	6 408
第一产业	－7 968	58.5	40.8	1 197	3 879
第二产业	5 831	21.7	26.8	2 462	9 993
第三产业	11 306	19.8	32.4	2 412	6 627

资料来源：同表 9—3。

表 9—5 显示，1992—2007 年，第三产业的资本劳动比从高于第二产业变为低于第二产业，表明第三产业吸纳了更多的劳动。如果说第二产业是资本挤出了劳动的话，那么第三产业就是劳动相对地挤出了资本。这期间，第三产业的就业弹性为 0.079，而第二产业的就业弹性为 0.042，第三产业创造就业的能力大体是第二产业的两倍。但是，第三产业不仅劳动生产率的绝对水平低于第二产业（表 9—4 中第二产业的劳动边际报酬水平始终显著高于第三产业），而且劳动生产率上升的速度也低于第二产业（第二、第三产业的劳动边际报酬都在上升，但第二产业的上升速度快于第三产业）。这表明，正如本章前面所分析的，第三产业的劳动生产率增长主要依赖规模扩张，其技术密集度和资本密集度都有待提高，在这种状态下，如果劳动从生产率高的第二产业不断被挤出并进入生产率相对

低的第三产业，那么自然会形成劳动生产率增长率的结构性损失，而同时资本又难以加快进入亟待提高资本密集度的第三产业，只能不断挤入资本边际报酬加速递减的第二产业，自然会逐渐导致资本效率的结构性损失。这种要素反效率配置现象存在的原因是多方面的，但关键在于市场化不够深入：一方面，要素市场特别是资本市场、劳动市场发育不充分，竞争秩序不完备，限制了要素按效率要求的市场流动；另一方面，宏观调控中的政策导向与经济发展中的产业实际效率水平及要求相互脱节，特别是政府的一些投资行为背离市场效率要求，导致地区间的结构趋同以及大量的重复建设等。

表 9—5　　资本劳动比和劳动生产率

	资本劳动比（万元／人）		劳动生产率（元／人）	
	1992 年	2007 年	1992 年	2007 年
经济总体	0.62	3.03	3 786	15 478
第一产业	0.05	0.28	1 421	4 086
第二产业	1.11	5.50	7 964	27 340
第三产业	1.74	4.43	6 191	20 013

资料来源：同表 9—3。

总之，本章分析表明：(1) 我国经济高速增长不仅包括 GDP 规模的迅速扩张，而且伴有产业结构演进，即不是单纯的增长，而是同时实现了质态的发展。(2) 在这一过程中，我国产业结构演进的速度和达到的高度，相对滞后于经济增长的速度和达到的水平。(3) 我国经济增长并非单纯依靠要素投入量的扩张，而是有产业结构演进带来的效率上升的支持，因而不同于克鲁格曼等所批评的东亚泡沫。(4) 无论在劳动生产率的增长率上还是在全要素生产率的增长率上，我国都具有产业结构变迁效应和净技术进步效应，但在进入 21 世纪之前，结构变迁效应的作用程度超过净技术进步效应，而进入 21 世纪之后由于结构变迁效应的作用逐渐减小，净技术进步效应的作用相应增大，但近年二者又出现了交替性的波动。(5) 我国产业结构存在突出矛盾，其根源在于效率水平低，产业内的技术进步效应和产业间的要素配置效率都亟待提高，否则无法克服一系列结构性矛盾，而这些深层次的结构性矛盾是导致我国宏观经济失衡（现阶段的通胀与经济“下行”并存的双重风险）的根本原因。(6) 因此，转变发展方式是克服失衡，实现可持续发展的关键，发展方式转变的关键在于结构调整，结构调整首先要依靠技术创新，技术创新又引起产业效率上升，其累积性效应导致产业间效率落差增大，即产业结构升级动力增强，空间扩大，最终推动结构演进，提升结构变迁效应。(7) 无论是产业内的技术进步还是产业间的结构变迁，在制度上都需要构建公平、竞争的市场机制，尤其是要素市场的培育，更需要完善市场竞争秩序，包括主体秩序（企业制度）、交易秩序（价格制度）等，当然，完善市场秩序的关键在于协调政府与市场的关系，正因为如此，深化以建立和完善社会主义市场经济体制为目标的改革开放，是我国现阶段实现转变发展方式的根本。

十

新常态下三次产业的人均增加值、劳动报酬占比、人均劳动报酬与初次分配

1. 对三次产业的人均增加值与初次分配的分析

各产业的人均增加值，即对初次分配的人均水平的衡量，也是对各产业部门的劳动生产率水平的衡量，表 10—1 给出的是我国新时期以来三次产业就业人员平均增加值的变化状况。

表 10—1　　1978—2010 年三次产业就业人员的平均增加值比较

年份	就业人员人均增加值（元/人）			占国民经济总体人均增加值的百分比（%）			国民经济总体人均增加值（元/人）
	第一产业	第二产业	第三产业	第一产业	第二产业	第三产业	
1978	363	2 513	1 783	40.0	276.8	196.4	908
1979	444	2 653	1 698	44.8	267.9	171.4	990
1980	471	2 844	1 775	43.9	265.0	165.4	1 073
1981	524	2 819	1 812	46.8	252.0	161.4	1 119
1982	576	2 855	1 910	49.0	243.0	162.5	1 175
1983	635	3 049	2 025	49.4	237.4	157.7	1 284
1984	750	3 239	2 308	50.2	216.6	154.3	1 496
1985	824	3 724	3 092	45.6	206.0	171.1	1 808
1986	892	4 006	3 398	44.5	199.9	169.6	2 004
1987	1 021	4 779	3 804	44.7	196.0	166.5	2 285
1988	1 198	5 421	4 621	43.3	195.8	166.9	2 769
1989	1 284	6 077	5 379	41.8	197.9	175.1	3 071
1990	1 301	5 569	4 915	45.1	193.2	170.5	2 883
1991	1 366	6 494	5 927	41.1	195.3	178.2	3 326
1992	1 516	8 150	7 144	37.3	200.3	175.5	4 070
1993	1 848	10 995	8 413	34.9	207.9	159.1	5 289
1994	2 614	14 658	10 429	36.6	205.2	146.0	7 145
1995	3 416	18 319	11 835	38.2	205.1	132.5	8 932
1996	4 025	20 882	13 012	39.0	202.3	126.0	10 323
1997	4 145	22 689	14 642	36.6	200.6	129.4	11 311

续前表

年份	就业人员人均增加值（元/人）			占国民经济总体人均增加值的百分比（%）			国民经济总体人均增加值（元/人）
	第一产业	第二产业	第三产业	第一产业	第二产业	第三产业	
1998	4 212	23 496	16 214	35.3	196.6	135.7	11 949
1999	4 129	24 989	17 638	32.9	198.9	140.4	12 561
2000	4 146	28 088	19 530	30.1	204.1	141.9	13 764
2001	4 336	30 499	22 000	28.8	202.5	146.1	15 063
2002	4 513	34 369	23 809	27.5	209.3	145.0	16 421
2003	4 801	39 201	25 923	26.1	212.8	140.7	18 420
2004	6 148	44 229	28 410	28.6	205.4	132.0	21 528
2005	6 704	49 307	31 963	27.1	199.0	129.0	24 775
2006	7 526	54 894	36 679	26.1	190.3	127.1	28 850
2007	9 315	62 336	45 629	26.4	176.6	129.3	35 290
2008	11 263	72 496	52 353	27.1	174.4	126.0	41 560
2009	12 193	74 201	57 252	27.1	166.3	127.3	44 957
2010	14 512	85 880	65 732	27.5	162.9	124.7	52 717

资料来源：根据历年《中国统计年鉴》相关数据计算。

从表10—1可知，首先，我国各产业的人均增加值水平始终是第二产业最高，其次是第三产业，第一产业水平最低，虽然在三十多年的时间里，第一产业人均增加值的年均增长率最高(12.22%)，因而其与第二、第三产业人均增加值的差距有所缩小，但绝对水平的差距仍十分突出。到2010年第二产业人均增加值是第一产业的5.92倍，第三产业的人均增加值则是第一产业的4.53倍。这种产业人均增加值水平上的显著差异，是效率分配原则下第

一产业从业人员所得水平偏低的重要原因。同时，第二产业与第三产业之间的人均增加值差距也在缩小，三十多年间第三产业人均增加值年均增长11.93%，略高于同期第二产业人均增加值增长率(11.67%)，但绝对水平的差距仍较为明显，2010年相差20 148元，说明在我国工业化加速时期，第二产业始终是拉动经济增长的首要产业动力，在人均增加值的增长上，第二产业始终是最为主要的贡献者，第三产业要成为经济增长中的首要产业动力还有待一定时间的发展。

其次，尽管在此期间，第一产业的人均增加值增长速度（年均12.22%）高于第二产业（11.67%）、第三产业（11.93%），使得第一产业与非农产业间的人均国民收入差距有所缩小，但第一产业的人均增加值占三次产业的人均GDP的比重却是下降的，或者说农业的人均增加值与整个国民经济平均的产业人均增加值的比率是降低的，从1978年的40%左右上升到1984年的约50%，然后再逐渐下降到2002年的27%左右，到2010年基本保持在27%左右。之所以存在第一产业人均增加值增速高于其他产业，但其占整个国民经济人均增加值的比重却在下降的现象，根本上是因为，整个国民经济人均增加值的变化受两方面因素影响：一是各产业的人均增加值的变化；二是各产业就业在整个国民经济中所占的比重的结构性变化。由于第一产业的就业比重在降低，所以第一产业对总体国民经济的平均水平的影响在减弱，整个国民经济总体人均增加值主要受第二、第三产业影响，这种结构性变化使得整个国民经济总体人均增加值上升幅度不仅高于第一产业，而且也高于第二、第三产业。根据表10—1的数据，运用经济统计上的因素分析法，可以分解出各产业人均增加值和国民经济产业结构变动分别对整个国民经济总体人均增加值的影响程度。假定国民经济产业结构不变，各产业人均增加值变化对国民经济总体人均增加值的影响为

$$\text{人均增加值固定指数} = \frac{(\sum_{i}^{3} = IV_{i},2010L_{i},1978/\sum_{i}^{3} = IV_{i},1978)}{(\sum_{i}^{3} = V_{i},1978L_{i},1978/\sum_{i}^{3} = IV_{i},1978)}$$
$$= 36.45(\text{倍})$$

式中 V 表示整个国民经济人均增加值，V_i 表示各产业的人均增加值，L_i 代表各产业的就业人数，所得结果表明，2010 年与 1978 年相比较，由于各产业人均增加值提高，国民经济总体人均增加值提高至原来的 36.45 倍。再假定在产业人均增加值变化的同时，就业结构发生变化，则结构因素对国民经济总体人均增加值的影响为

$$\text{结构变动指数} = \frac{(\sum_{i}^{3} = V_{i},2010L_{i},2010/\sum_{i}^{3} = IV_{i},2010)}{(\sum_{i}^{3} = IV_{i},2010L_{i},1978/\sum_{i}^{3} = IV_{i},1978)}$$
$$= 1.59(\text{倍})$$

上式表明，结构变化使总体人均增加值上升至原来的 1.59 倍。把这两方面因素综合起来，即在各产业人均增加值变化（人均增加值固定指数）和结构变动指数的共同作用下，2010 年我国按就业人员计算的人均 GDP（国民经济总体人均增加值）为 1978 年的 58.06 倍，其中各产业劳动生产率提高的影响为 36.45 倍，就业结构变动的影响为 1.59 倍。若以年均增长率来反映，那么这一期间国民经济的劳动生产率年均增长 13.5%，其中各产业劳动生产率提高所起的作用为 11.9%，就业结构变化所起的作用为 1.5%。按这一结论，若不考虑结构变化对国民经济总体人均增加值的影响，只考虑各产业人均增加值的作用，那么到 2010 年第一产业的人均增加值是国民经济总体人均增加值的 43.77%，比 1978 年的 40% 有所提高，但若同时考虑到结构变化的作用，则 2010 年第一产业的人均增加值约为国民经济总体人均增加值的 27%。尽管第一产业本身人均增加值提升速度高于其他产业，但其与国民经济总体人均增加值的比率却显著下降，因而在国民收入初次分配中，虽然第一产业人均增加值的绝对量在提高，且增长速度还略高于其他产业，但其与国民经济总体人均增加值相比差距在显著扩大。

2. 对三次产业的劳动报酬占比与初次分配的分析

劳动报酬往往是一国居民收入的主体（尽管居民收入中还包含资本和财产性收入等），它属于初次分配的成果，还要缴纳相关税费。

我们首先分析初次分配中劳动报酬在三次产业增加值中所占比重及其变化（见表10—2）。

表10—2　1992—2010年我国三次产业增加值和劳动报酬比较

	项目	第一产业	第二产业	第三产业	合计
1992	增加值(亿元)	5 853	12 164	8 627	26 644
	劳动者报酬(亿元)	4 930	3 761	3 361	12 052
	劳动报酬占增加值的比重(%)	84.2	30.9	39.0	45.2
	各产业劳动报酬占全部劳动报酬的比重(%)	22.0	45.7	32.4	100.0
1997	增加值(亿元)	14 742	39 610	21 352	75 704
	劳动者报酬(亿元)	12 979	17 599	10 962	41 540
	劳动报酬占增加值的比重(%)	88.0	44.4	51.3	54.9
	各产业劳动报酬占全部劳动报酬的比重(%)	19.5	52.3	28.2	100.0
2002	增加值(亿元)	16 631	55 101	50 127	121 859
	劳动者报酬(亿元)	13 316	22 519	23 116	58 951
	劳动报酬占增加值的比重(%)	80.1	40.9	46.1	48.4
	各产业劳动报酬占全部劳动报酬的比重(%)	13.6	45.2	41.1	100.0

续前表

	项目	第一产业	第二产业	第三产业	合计
2007	增加值(亿元)	28 659	134 495	102 889	266 043
	劳动者报酬(亿元)	27 182	45 994	36 872	110 048
	劳动报酬占增加值的比重(%)	94.8	34.2	35.8	41.4
	各产业劳动报酬占全部劳动报酬的比重(%)	10.8	50.6	38.6	100.0
2010	增加值(亿元)	40 534	187 581	173 087	401 202
	劳动者报酬(亿元)	38 507	72 589	69 816	180 912
	劳动报酬占增加值的比重(%)	95.0	38.7	40.3	45.0
	各产业劳动报酬占全部劳动报酬的比重(%)	10.1	46.8	43.1	100.0
2010年为1992年的倍数	增加值	6.9	15.4	20.1	15.1
	劳动报酬	7.8	19.3	20.8	15.0
1992—2010年年均增长率	增加值	11.4	16.4	18.1	16.3
	劳动报酬	12.1	17.9	18.4	16.2
2010年为2002年的倍数	增加值	2.4	3.4	3.5	3.3
	劳动报酬	2.9	3.2	3.0	3.1
2002—2010年年均增长率	增加值	11.8	16.5	16.8	16.1
	劳动报酬	14.2	15.8	14.8	15.0

资料来源：2010年之前的数据根据历年投入产出表整理，2010年的数据根据各地区生产总值收入构成推算。

表10—2反映出我国初次分配中劳动报酬总规模及占比的变化

特点，按现行价格计，在三次产业中增加值和劳动报酬增长最快的是第三产业，其次是第二产业，第一产业增长最慢。分产业看，各产业的劳动报酬增速都高于其增加值的增速，但从整个国民经济看，由于第一产业劳动报酬占其增加值的比重很高（2010 年为 95.0%），而第一产业又是收入低且增速最慢的部门，因而整个国民经济的劳动报酬增长率反而略低于增加值的增长率。1992 年至 2010 年增加值（GDP）的年均增长率为 16.3%，同期劳动报酬的年均增长率为 16.2%。到 2002 年后劳动报酬在 GDP 中所占比重下降的趋势更为明显，除第一产业外，第二和第三产业以及整个国民经济的劳动报酬增长率都低于 GDP 的增长率，GDP 年均增长 16.1%，而同期劳动报酬年均增长 15%，这就导致在国民收入初次分配中劳动报酬比重下降，从而使国民经济需求结构扭曲，消费需求对经济增长的拉动相对不足。到 2007 年各产业和整个国民经济中的劳动报酬占产业增加值和总的 GDP 的比重均降到最低点（总体劳动报酬占 GDP 的比重仅为 41.4%）。2007 年之后至 2010 年进入新的上升期，在三年的时间中劳动报酬占整个 GDP 的比重上升到 45.0%，这种劳动报酬总体占比的提高，在改善国民经济需求结构、提升消费需求作用的同时，也对增长方式的转变提出了更高的要求，对劳动生产率的提高提出了进一步的要求，否则经济增长既难以均衡又难以持续。

3. 对三次产业的人均劳动报酬变化与初次分配的分析

表 10—3 列出的是 1992 年以来我国各产业的就业人数、劳动报酬和就业人员平均劳动报酬的变化情况。

表 10—3　　1992—2010 年我国就业人员平均劳动报酬的变化

项目	产业部门	年份			2010 年为 1992 年的倍数	年均增长率（%）	2010 年为 2002 年的倍数	年均增长率（%）
		1992	2002	2010				
就业人数（万人）	第一产业	38 699	36 640	27 931	0.7	−1.8	0.8	−3.3
	第二产业	14 355	15 682	21 842	1.5	2.4	1.4	4.2
	第三产业	13 098	20 958	26 332	2.0	4.0	1.3	2.9
	合计	66 152	73 280	76 105	1.2	0.8	1.0	0.5
劳动报酬（亿元）	第一产业	4 930	13 316	38 507	7.8	12.1	2.9	14.2
	第二产业	3 761	22 519	72 589	19.3	17.9	3.2	15.8
	第三产业	3 361	23 116	69 816	20.8	18.4	3.0	14.8
	合计	12 052	58 951	180 912	15.0	16.2	3.1	15.0
就业人员平均劳动报酬（元/人）	第一产业	1 274	3 634	13 786	10.8	14.1	3.8	18.1
	第二产业	2 620	14 360	33 234	12.7	15.2	2.3	11.1
	第三产业	2 566	11 030	26 514	10.3	13.9	2.4	11.6
	合计	1 822	8 045	23 771	13.0	15.3	3.0	14.5

资料来源：根据表 10—1 和表 10—2 的数据计算。

由表 10—3 可知，2002 年至 2010 年劳动报酬总量和人均劳动报酬的年均增长率低于 1992 年至 2010 年的年均增长率，劳动报酬总量年均增长 16.2%（现行价），就业人员平均劳动报酬年均增长 15.3%（现行价），而在 2002 年至 2010 年间这两项指标分别为 15.0%和 14.5%，这种年均增长率的下降，与这一时期国民收入中劳动报酬所占比重的变化有关。由表 10—2 可知，劳动报酬占国民收入的比重从 2002 年的 48.4%下降到 2007 年的41.4%，再上

升至2010年的45.0%，这种重新回升，一方面体现了从国民收入初次分配上对需求结构的调整，特别是对过于依赖投资拉动的修正，另一方面也反映出劳动报酬占比对其增长速度的制约。总体上看，进入21世纪后，在国民收入的初次分配上，与积累直接相关的企业和政府收入份额相对扩大，而劳动报酬所占份额相对减少，政府和企业收入的增长率也高于劳动报酬增长率，初次分配的这种结构深刻影响着国民经济的最终需求结构。自2008年后，这种状况开始有所改善，但改善幅度仍不大，这种初次分配的失衡会加剧国民收入最终使用的失衡。调整国民经济的需求结构，首先需要调整初次分配的结构。

4. 产业结构上“要素反效率配置”限制着初次分配中的劳动报酬增长

尽管在我国国民收入初次分配中劳动报酬的增长速度长期里相对慢于政府和企业收入，导致其所占比重逐渐下降，严重影响了我国国民收入的最终使用结构（需求结构），但要大幅度地提高初次分配中劳动报酬的比重，必须以劳动生产率相应提高为基础。

首先，从产业劳动报酬增长速度看，我国缺乏产业劳动生产率方面的有力支持。2002年至2010年，我国就业人员劳动报酬年均增长14.5%，其中第一产业增速最高，为18.1%；第三产业次之，为11.6%；第二产业最低，为11.1%（均以现价计）。这表明，我国进入上中等收入阶段后，要素成本，尤其是劳动力成本进入了快速上升期，但与之相对应的产业劳动生产率却不高。我国现阶段的

产业结构高度与当代标准的工业化国家相比，已进入工业化后期，工业化进程已走过 2/3，预计到 2020 年基本实现工业化，但产业劳动生产率水平，尤其是实体产业的劳动生产率却并未达到当代工业化后期应有的水平，第一产业劳动生产率仅相当于当代标准工业化国家的 14.7%，第二产业劳动生产率也只相当于当代标准工业化国家的 46.2%，第三产业劳动生产率虽然达到了当代标准工业化国家的水平，但其劳动生产率的增长主要是依靠规模扩张，资本密集度和技术密集度都有待提升。① 这种实际劳动生产率相对低于经济发展阶段应达到的水平的状况，必然会对初次分配中劳动报酬的增长速度产生限制。

其次，利用我国 1992 年和 2007 年的投入产出表，可以算出各产业的资本和劳动所占的份额、各产业的资本和劳动的边际报酬、各产业的劳动生产率和资本劳动比，结果见表 10—4。

表 10—4　　资本和劳动的结构变迁及资本劳动比和劳动生产率

项目	年份	经济总体	第一产业	第二产业	第三产业
劳动投入占比（%）	1992	100	58.5	21.7	19.8
	2007	100	40.8	26.8	32.4
劳动的边际报酬（元/人）	1992	1 712	1 197	2 462	2 412
	2007	6 408	3 879	9 993	6 627
资本投入占比（%）	1992	100	5.1	38.9	56
	2007	100	3.8	48.7	47.5
资本的边际报酬（元/人）	1992	0.336	0.413	0.498	0.217
	2007	0.293	0.072	0.341	0.262

① 参见刘伟、张辉：《我国经济增长中的产业结构问题》，载《中国高校社会科学》，2013（4）。

续前表

项目	年份	经济总体	第一产业	第二产业	第三产业
资本劳动比（万元/人）	1992	0.62	0.05	1.11	1.74
	2007	3.03	0.28	5.5	4.43
劳动生产率（元/人）	1992	3 786	1 421	7 964	6 191
	2007	15 478	4 086	27 340	20 013

资料来源：根据国家统计局公布的相关年份投入产出表数据计算。

从表10—4显示的资本投入占比来看，从1992年至2007年，第一产业和第三产业的资本投入占比都在下降，第二产业的资本投入占比上升了近10个百分点（由38.9%升至48.7%），表明这一期间资本主要向第二产业聚集（包括旧有资本存量和新增资本），但同时，经济总体和实体产业的资本边际报酬普遍下降，进而毛利率普遍下降，只有第三产业的毛利率略有上升，其资本的边际报酬从0.217元/人上升至0.262元/人，可是其绝对水平始终低于第二产业，实体产业资本的边际报酬加速递减，意味着产业的资本密集度提高，资本产出比提高较快，若无技术进步加速和产业间资源正向流动加速（即产业结构升级），那么继续扩大投资必然进一步促使资本边际报酬加速递减，从而使市场性投资需求疲软，最终影响经济增长。从劳动投入占比来看，第一产业劳动投入占比在1992年至2007年期间下降了近18个百分点（由58.5%降至40.8%，2012年更是降至36%左右），表明劳动要素从农村的农业领域大规模地流向城市非农产业，但第二产业的劳动投入占比从高于第三产业变为低于第三产业，表明第二产业吸纳劳动力的能力在下降，资本可能在挤出劳动。一方面，尽管第二产业的资本边际报酬高于第三产业，但动态地看，其资本边际报酬正在加速递减，而第三产业资本的边际报酬虽然在绝对水平上仍低于第二产业，但却处在上升状态中，若资本进一步向第二产业集中，则意味着资本从边际报酬

上升领域向边际报酬加速递减领域转移，从趋势上会推动资本配置结构效率逐渐降低。另一方面，第二产业的劳动的边际报酬显著高于第三产业，但其劳动投入占比却低于第三产业，第二产业中的劳动被挤出到劳动生产率相对低的第三产业。第三产业的资本劳动比由高于第二产业降为低于第二产业表明，第三产业吸纳了更多的劳动，这期间，第三产业的就业弹性为0.079，而第二产业为0.042，第三产业创造就业的能力大体上是第二产业的2倍[①]，但第三产业的劳动生产率不仅在绝对水平上低于第二产业（第二产业的劳动边际报酬始终高于第三产业），而且劳动生产率的提升速度也低于第二产业（第二、第三产业劳动边际报酬都在上升，但第二产业上升速度快于第三产业），如果劳动要素从劳动生产率高且上升速度快的第二产业不断被挤出，进入劳动生产率相对低的第三产业，那么自然会形成劳动生产率增长的产业结构性损失。总之，在第二产业中，资本在相对挤出劳动，在第三产业中，劳动在相对挤出资本，而第二产业的劳动生产率的绝对水平和增长速度均高于第三产业，同时，第三产业资本的边际报酬的增速又高于第二产业，表明第三产业亟待提升资本和技术密集度（尽管资本边际报酬的绝对水平仍低于第二产业）。这种要素的反效率配置现象，一方面会导致劳动生产率的结构性下降，另一方面会导致资本效率提升的结构性损失。这种要素效率的结构性损失，不仅会深刻影响经济增长的均衡性和可持续性，而且会深刻影响国民收入的初次分配及最终使用，尤其是给劳动报酬的增长带来结构性效率损失。

---

① 参见刘伟、张辉：《我国经济增长中的产业结构问题》，载《中国高校社会科学》，2013（4）。

十一

新常态下的经济增长目标、产业结构特征与供给侧结构性改革

2015年11月，习近平同志在中央财经领导小组会议上强调，在适度扩大总需求的同时，着力加强供给侧结构性改革，着力提高供给体系质量和效率，增强经济持续增长动力，推动我国社会生产力水平实现整体跃升。这是党和国家领导人第一次结合需求和供给这两个方面，阐明中国政府现阶段促进经济增长的整体思路，这个思路是符合当前中国经济增长和经济社会发展的客观实际的。

2010年，按照世界银行的分类标准，中国由下中等收入国家跃升为上中等收入国家。从表面上看，这只是中国的人均GDP（或人均GNI）的逐年提升造成了所归属的组别的变化，但在实际上，这却是中国进入一个新的经济发展阶段的里程碑。在这一年，中国的经济总量超过了日本，成为世界

上第二大经济体[①]；几乎与此同时，中国的对外商品贸易总额先后超过了德国和美国，成为世界上最大的商品进出口国。中国国内经济也发生了很大变化，尤其是产业结构的升级反映出工业化后期的特征：在经历了21世纪前10年以重化工业发展为特征的加速工业化进程后，制造业以及整个第二产业的发展开始放缓，而原先发展相对滞后的第三产业（包括传统服务业和现代服务业）则保持着较好的发展势头，第三产业增加值的增长率以及在整个国民经济中所占的比重开始超过第二产业，成为经济增长中的主导产业。第三产业吸收了大量的新增就业及由农业转移而来的劳动力的就业，加快了我国城市化的进程。据研究，在我国新增的非农产业就业中，有2/3是由第三产业吸收的。[②] 这也就是说，无论是从人均收入水平上看，还是从国际地位上看，抑或是从以产业结构为代表的经济结构演进和升级来看，中国的现代化、国际化、工业化和城市化进程都进入了一个全新的发展阶段。在进入上中等收入国家的行列之后，由于经济总量的基数扩大，再加上生产要素的成本或价格优势的减弱，从中长期看，一个国家的年均经济增长率将呈递减趋势，这一点已经被其他国家的发展实践所证明，也在我国最近几年的经济增长中反映了出来。如果我们没有认识到这种变化，仍然想通过刺激需求尤其是刺激投资来继续保持过去那种高达10%的年均增长，那么就会造成更多的现实的和潜在的产能过剩，将来我们就要以更大的代价进行结构调整。因此在2011年前后，国家“择机退出”宏观刺激政策，让市场在引导资源配置方面发挥更大的作用，这是一个正确的决策。

---

① 根据世界银行后来修正过的数据，中国按三年平均汇率法计算的GDP实际上在2009年就已经超过日本，位居世界第二。

② 参见刘伟、蔡志洲、郭以馨：《现阶段中国经济增长与就业的关系研究》，载《经济科学》，2015（4）。

但是，我们也要看到，虽然我们的经济建设和现代化建设已经取得了很大的成就，但是和发达国家相比，甚至和世界经济发展的一般水平相比，我们都仍然存在一定的差距。按照世界银行公布的数据，2014 年我国按汇率法计算的人均 GDP 为 7 670 美元，美国、日本和韩国的人均 GDP 分别是 55 000 美元、36 000 美元和 28 000 美元，分别为中国的 7.2 倍、4.69 倍和 3.65 倍，而世界的平均水平为 11 055 美元，为中国的 1.44 倍，或者说，中国的人均 GDP 大约是世界平均水平的 70%。[①] 由于中国是一个高积累的国家，在国民收入中用于投资的比例相当高（接近 50%），居民可支配收入占 GDP 的比重较低（2014 年全国居民人均可支配收入为 20 167 元，而人均 GDP 为46 531元，前者不到后者的一半[②]，而美国 2014 年居民可支配收入占 GDP 的比重为75%左右）。[③] 这种差距一方面说明中国的现代化进程仍然需要进一步推进，另一方面也说明中国经济增长仍然还有巨大的潜力。从经济增长的一般规律看，一个国家尤其是大国，在经历了长期的高速经济增长之后，即使年均经济增长率开始降低，也会是一个渐进的过程。而中国在 1978—2011 年这 34 年里，年均经济增长率达到了 10.736%，在这个基础上，中国在 2010－2020 年的年均增长率达到 7%以上，也就是把经济增长目标调低 3 个百分点，应该是有可能实现的。党的十八届五中全会上通过的《中共中央关于制定国民经济和社会发展第十三个五年规划的建议》中，重申了到 2020 年国内生产总值和城乡居民人均收入比 2010 年翻一番，这也就是说，在“十三五”时期，我国的年均经济增长率要达到 6.75%以上，实际上已经考虑了我国现代化进程的需求和实现这一目标的条件。这就是我们在未来经济增长中所预期的新常态。按照世界各国的一般规律，在一个国家由上中等收入阶段向高收入阶段发展的过程中，居民可支配收入的

① 数据来源于世界银行的世界发展指标数据库。

② 数据来源于国家统计局发布的 2015 年统计公报。

③ 数据来源于美国经济分析局、国民收入与生产账户。

增长通常要快于 GDP 的增长，这是因为到了现代化的中后期，广大劳动者和居民家庭将会更多地分享经济增长的成果。在国内生产总值翻一番的条件下，如果我们能处理好分配和再分配的关系，那么居民可支配收入的增长幅度还有可能更大。

后　记

《中国学者谈新常态下经济增长》其他作者还有蔡志洲、苏剑、李连发、张辉等。

全书由刘伟提出结构框架并总体定稿，我感谢课题组成员的努力，感谢给予帮助的老师、同事和学生、朋友，感谢中国人民大学出版社给予的支持。

刘伟

2017.5

图书在版编目（CIP）数据

中国学者谈新常态下经济增长/刘伟等著.—北京：中国人民大学出版社，2017.6
ISBN 978-7-300-24699-4

Ⅰ.①中… Ⅱ.①刘… Ⅲ.①中国经济-经济增长-研究 Ⅳ.①F124

中国版本图书馆 CIP 数据核字（2017）第 157257 号

中国学者谈新常态下经济增长

刘 伟 等著

Zhongguo Xuezhe Tan Xinchangtai xia Jingji Zengzhang

出版发行	中国人民大学出版社		
社　　址	北京中关村大街 31 号	**邮政编码**	100080
电　　话	010－62511242（总编室）		010－62511770（质管部）
	010－82501766（邮购部）		010－62514148（门市部）
	010－62515195（发行公司）		010－62515275（盗版举报）
网　　址	http://www.crup.com.cn		
	http://www.ttrnet.com(人大教研网)		
经　　销	新华书店		
印　　刷	虎彩印艺股份有限公司		
规　　格	148 mm×210 mm　32 开本	**版　　次**	2017 年 6 月第 1 版
印　　张	4.25　插页 1	**印　　次**	2017 年 9 月第 2 次印刷
字　　数	112 000	**定　　价**	48.00 元